대한민국
교사로
산다는 것

내가 초보 교사 시절 알았더라면 더 좋았을 것들

대한민국
교사로
산다는 것

2017년 3월 24일 처음 펴냄
2019년 9월 30일 3쇄 펴냄

지은이 김재훈
펴낸이 신명철
편집 윤정현
영업 박철환
관리 이춘보
디자인 최희윤
펴낸곳 (주)우리교육
등록 제 313-2001-52호
주소 03993 서울특별시 마포구 월드컵북로 6길 46
전화 02-3142-6770
팩스 02-3142-6772
홈페이지 www.uriedu.co.kr

ⓒ김재훈, 2017
ISBN 978-89-8040-158-1 03370

이 도서의 국립중앙도서관 출판시도서목록(CIP)는
e-CIP홈페이지(http://www.nl.go.kr/ecip)에서 이용하실 수 있습니다.
(CIP 제어번호:CIP2017006049)

김재훈 교육 에세이

대한민국
교사로
산다는 것

내가 초보 교사 시절 알았더라면 더 좋았을 것들

우리교육

젊은 시절 교사의 길을 걸으며 김재훈 선생님과 함께 시대의 아픔을 나누기도 하고, 같이 술잔을 기울이며 교육 희망을 그려보기도 했습니다. 언젠가 김 선생님이 쓴 교단일기를 보고 '김 선생의 교육 에너지는 화수분 같다'고 감탄한 적이 있습니다. 매일매일 교단일기를 써서 월말이 되면 그것들을 모아 학부모들에게 편지로 보내고 있었기 때문입니다.

김 선생님의 아이들을 향한 사랑은 더 유난했습니다. 개학 하루 전날 출근하여 교실을 청소하며 아이들을 맞는 김 선생님의 마음은 모두에게 감동이었을 것입니다. 또한 입시에 관한 책을 만들어 기부도 하였으며, 입시 설명회는 물론이고 논술이나 자기소개서 특강도 직접 할 정도로 열정의 에너지가 화산처럼 솟아나는 교사입니다.

어느 라디오 방송사의 '오늘의 교육 시론'을 김 선생님이 이어받아 우리 교육정책에 관한 고민을 다듬었고 그 내용도 이 책에 담았습니다. 그래서 김재훈 선생님의 이 책은 우리 교육에 대한 정책 마인드를 가지게 할 것이라 기대합니다.

우리는 제4차 산업혁명 시대를 살고 있습니다. 아이들은 없어질 직업을 위해 공부하고 있는지도 모릅니다. 그러기에 '변화 없이는 미래도 없다'는 말은 우리 교육 현실을 두고 한 말이라 생각합니다.

김 선생님이 직접 현장에서 실천하며 깨달은 것들을 정제한 《대한민국 교사로 산다는 것》은 우리에게 길잡이가 될 것이라 생각합니다. 어떤 변화를 어떻게 맞이할지 알려주는 안내서가 되길 기원하며, 현장에 계신 선생님들이 '나만의 스토리'를 만드는 여정에 도움이 되길 바랍니다. 고맙습니다.

2017년 2월

충청북도교육감 김병우

들어가는 말

만남! 교육에서 이보다 더 의미 있는 말이 있을까요? 2월 말이 되면 저는 3월 학기 초 우리 반 아이들을 만나면 무엇을 어떻게 할 것인가를 생각날 때마다 수시로 스마트 폰에 메모했습니다. 이렇게 메모한 내용을 고등학생 딸에게 들려주며 학생 처지에서 부족한 것이 무엇인지 물어보기도 했죠. 그만큼 학기 초 아이들과의 첫 만남은 정말 중요합니다. 교사의 길을 걸어가면서 우리는 수많은 학생을 만나고 또 만납니다. 이러한 만남들이 '교육적 만남'이 되기 위해서는 그 기본 바탕에 '상호 간의 존중'이 깔려 있어야 하겠지요. 학생이 선생님을 존경하는 것은 물론이고, 선생님도 학생 하나하나를 존중할 때 학생들과의 만남이 교육적 의미를 지닐 것입니다. 학생들과 학기 초의 좋은 만남을 1년 내내 어떻게 잘 이어나갈 것인가에 대한 선생님의 지혜가 필요합니다. 왜냐하면 요즘 아이들은 영악하기도 하지만 나약하거든요. 인간관계라는 것이 조그만 오해로부터 일그러지는 경우가 많죠. 아직 우리 학생들은 정신적으로 미숙합니다. 따라서 학생들과의 관계는 작은 고기를 굽듯이 매우 조심스러워야 합니다. 학생들을 더욱더 세심하게 살피면서 지도할 필요가 있는 이유입니다.

해바라기 넘기라고 들어보셨는지요. 저는 1년간 담임의 역할을 해바라기 넘는 일에 비유합니다. 우리가 해바라기를 심어놓고 매일매일 넘는다고 생각해보세요. 처음에는 너무 시답잖아서 따분할 수도 있지요. 아이들 지도도 마찬가지입니다. 3월 초에는 아이들과의 관계도 좋고 아이들 지도에도 별문제가 생기지 않습니다. 새싹 해바라기를 넘는 것처럼 아주 쉬운 일이지요. 그래서 우리는 어느 날부터 해바라기 넘는 일을 소홀히 하고 딴짓을 하지요. 그렇게 며칠이 지난 후 해바라기를 다시 넘으려고 하면 그땐 해바라기가 이미 넘을 수 없을 만큼 커져 있어요. 아마 연차가 좀 되신 선생님은 담임을 하시면서 이러한 경험은 수도 없이 겪으셨을 것입니다. 그만큼 아이들을 곁에 두고 밀착 지도를 하지 않으면 빈곤의 악순환처럼 자꾸자꾸 힘들어져요.

행복한 인생을 사는 사람들은 공통점이 많아요. 건강하고 재산도 어느 정도 있고 가족 간에 화목하고 등등. 그러나 불행한 사람은 그 사연이 가지각색이지요. 몸이 아프거나 돈이 없거나 자식이 속을 썩이거나 등등. 그만큼 행복한 삶을 산다는 것이 어렵다는 말이기도 하네요. 저는 이 논리를 우리 교사들에게 적용해보았어요. 좋은 교사와 나쁜 교사로 나누어 보았는데요. 교사들의 경우는 반대로 나타납니다. 좋은 교사는 그 사연이 가지각색이에요. 자기가 잘하는 방면에서 훌륭한 교사로 인정받는 분이 많으시죠. 교과 연구, 입시지도, 생활지도 등등. 그러나 반대로 나쁜 교사는 몇 가지 공통점을 가지고 있어요. 세 가지인데요. 아이들에게 화를 잘 내고, 아이들을 무시하고, 차별합니다. 동의하시나요? 아마 이 세 가지만 하지 않아도 우리는 최소한 아이들에게 상처를 주지 않는 교사는 될 수 있을 거예요. 꽃망울을 터트린 꽃이 3월의 폭설을 맞으면 그 꽃은 더 이상 피어나지 못합니다. 아이들이 자신의 삶을 잘 살아가도록 북돋워 주는 일이 우리에게 주어진 소명입니다.

차례

1.

어떤
선생님이
되어야
할까?

이 땅의 교사로 살아가면서 여러분은 가장 먼저 무엇을 생각하나요?

처음 발령받았거나 처음 담임을 맡은 선생님은

무엇이 가장 중요한지, 어떤 일을 가장 먼저 해야 할지 당황스러울 수도 있을 거예요.

저도 처음 발령받았을 때 그랬으니까요.

고3 담임을 처음 맡았을 때도 엄청 허둥댔던 기억이 있습니다.

학기 초가 되어 교실에 들어가면 똘망똘망 선생님만 쳐다보는 수많은 눈빛을 만납니다.

이제 누구도 도와주지 않아요. 선생님 혼자서 모든 것을 해결해야 하죠.

당황해서도, 짐짓 있는 체해서도 안 돼요. 침착하고 진솔하게 아이들과 만나야 합니다.

오늘부터 선생님은 CEO입니다.

교사 초년생 후배에게 시행착오를 겪은 선배로서 도움말을 보냅니다.

읽어보시면서 교사가 지녀야 할 마음을 한번 다잡아보실까요?

나만의 스토리가 있는
교육철학 챙기기

여러분, 산토끼 아시죠? 산토끼의 반대말은 무엇일까요?

집토끼, 바다 토끼, 죽은 토끼… 어디선가 손꼽아 가면서 반대말을 외치는 소리가 들리는 듯합니다. 참고로 답의 개수를 말씀드리자면 총 여섯 가지입니다. 왜 갑자기 산토끼 이야기를 꺼냈느냐고요? 처음 학교에서 아이들을 만나기 전에 무엇을 생각할 것인가에 대하여 함께 고민하기 위해 이렇게 느닷없이 산토끼 이야기를 꺼냈어요. 저는 산토끼의 다양한 반대말에 비추어 오늘날 우리 교육의 현실도 짚어보고 교사로서 무엇을 생각할 것인가에 이르기까지 차근차근 말해볼까 합니다.

먼저 첫 번째 반대말 집토끼에 대해 생각해보겠습니다. 산토끼가 야생적이라면 집토끼는 온실 속 화초처럼 온순하죠. 이것을 학생들에게 적용하면 집토끼가 성실한 학생, 산토끼는 활동적이면서 선생님의 지도에 쉽게 따르지 않는 약간 괴팍한 학생이라고 할 수도 있겠죠. 자칫 우리 선생님들은 집토끼 같은 학생만 좋아할 수 있고, 산토끼 같은 학생은 편견을 가지고 볼 수도 있어요. 그러나 산토끼 같은 학생도 잘 보듬어주는 따뜻한 지도가 필요합니다. 신학기가 되면 튀는 행동을 하는 학생이 많이 나타납니다. 이 학생들을 산토끼라고 생각하고 대하신다면 좀 더 너그럽게 학생들을 지도할 수 있을 거예요. '시험 행동Testing behavior'이란 말이 있습니다. 아이들이 학기 초에 선생님을 소위 시험해 보는 행동인데요. 이런 학생들의 행동에 슬기롭게 대처해야 1년 동안 아이들과의 관계를 잘 유지할 수 있을 것입니다.

다음의 답으로 바다 토끼가 있습니다. 저는 이것을 '다름의 이해'라는 면으로 생각합니다. 사람에 따라 누구는 산을 좋아하고 누구는 바다를 좋아하는데요. 자기 것만 좋아할 것이 아니라 다른 사람의 취향이나 생각 등 나와 다른 면을 이해하는 마인드가 교육 현장에서는 꼭 필요합니다. 이것은 교사는 물론 학생도 꼭 갖추어야 할 마인드입니다. 나와 다른 사람을 이해하려는 노력! 공동체 생활에서 매우 중요하지요. 예전에 '못'을 빼라는 공익광고가 있었습니다. 장애우 학생, 다문화 가정 학생, 힘이 약한 학생 등 서로 다른 환경에서 자란 아이들이 무엇무엇을 잘 못할 것이라는 편견에서 '못' 자를 빼고 잘할 것이라고 생각하는 '다름의 이해', 학교에서 특히 더 필요합니다.

그다음으로 죽은 토끼, 저는 이것을 산 교육과 죽은 교육에 적용해보았습니다. 누구도 아이들이 산 교육을 받길 바라지, 죽은 교육을 받길 바라진 않을 것입니다. 그럼 어떤 것이 산 교육이고 어떤 것이 죽은 교육일까요? 그것은 바로 아이들이 적극적으로 참여하는 교육은 산 교육이고, 죽은 교육은 그냥 앉아서 선생님이 포장해준 지식을 머릿속에 넣기만 하는 것입니다. 산 교육은 요즘 회자되는 배움의 공동체 수업, 거꾸로 교실 수업, 토론식 수업, 프로젝트 수업 등일 것입니다.

제가 자율형 공립고 교원 연수에 갔을 때의 일입니다. 거기서 한 교장 선생님께서 강의한 내용 중에 머릿속 깊이 남는 말씀이 있었습니다. 바로, '그들에게 물어라ask them'입니다. 모든 교육 활동에서 아이들에게 물으면 그들은 움직인다는 것이죠. 선생님이 주도하면 '행사'가 되고 아이들에게 맡기면 '축제'가 된다는 말이 있습니다. 아이들이 살아 움직이는 교육이 진정 살아 있는 교육일 것입니다.

다음 반대말은 판 토끼가 있습니다. 이것을 입학과 졸업에 연결해볼까요? 산 토끼는 새내기로 입학하는 아이들이고 판 토끼는 졸업을 하고 떠나가는 아이들을 가리킨다고 해보지요. 이때 '교육에 애프터서비스는 있는가?'라고 자문해보았습니다. 교육의 본질을 생각할 때 '교육'이란 말이 지식 교육만을 의미하는 것은 아닐 것입니다. 아이들에게 가치관과 철학을 심어주는 것이 진정한 교육이겠지요. 그런 면에서 아이들에게 '어떤 가치관을 가지고 인생을 살아갈 것인가'를 가르치는 것이 바로 교육의 애프터서비스 정신이라고 생각합니다.

저는 청원고에 근무하면서 학생들에게 '청원고의 DNA'라는 표현을 자주 썼습니다. 그것은 첫째, 청원고는 다르다. 둘째, 청원고인은 다르다. 셋째, 청원고 출신은 다르다. 라는 좌우명motto입니다. 청원고 출신이라면 어느 곳에 가더라도 청원고의 DNA를 간직하고 자기 일에 최선을 다하자는 뜻이지요. 이렇게 모든 학교가 확고한 교육철학에 따라 학생들에게 평생 간직할 가치관을 심어주는 교육이 꼭 필요하다고 생각합니다. 이것이 바로 교육의 애프터서비스 정신이 아닐까요?

다음 대답은 난센스 같은 끼토산입니다. 가장 초보적인 수준의 답이지요. 이것을 '꼴찌를 위한 교육'에 적용해볼까요? 한 줄로 세우면 1등은 한 명이지만 여러 줄로 세우면 누구나 1등을 할 수 있습니다. 하나의 잣대로 아이들을 평가하면 기죽는 아이가 많지만 다양한 활동을 통해 여러 줄로 평가하면 모두가 함께 웃는 교육이 되겠지요. 그래서 학교 활동 중에서 창의적 체험 활동이 중요합니다. 여기에는 동아리 활동,

봉사 활동, 자율 활동, 진로 활동 등이 있는데요. 이런 활동들은 모든 학생이 함께해야 하는데 학교를 자세히 들여다보면 교과 공부를 잘하는 학생이 이런 활동에도 적극적입니다. 따라서 각 학교에서는 뒤처지는 학생들이 없도록 창의적 체험 활동 시간을 지혜롭게 활용해야 할 것입니다. 이러한 활동은 학생들의 창의력 신장에 기여함은 물론이고, 그 결과들이 학생부에 기록되어 학생부 종합전형에도 활용되겠지요.

학생부의 주요 영역을 나열하면 수상 경력, 진로 희망 사항, 창의적 체험 활동 상황, 교과 학습 발달 상황, 독서 활동 상황, 행동 특성 및 종합 의견인데요. 이 중에서 수상 경력과 교과 학습 발달 상황만 순서나 등급이 있고 나머지는 누구나 일정 수준에 도달할 수 있는 영역들입니다. 독서만 해도 그렇죠. 꼭 1등 하는 아이가 책을 많이 읽는다고 할 수는 없잖아요? 그래서 학생들이 다양한 영역에서 최선을 다할 수 있는 여지를 만들어주는 교육이 필요합니다.

마지막으로 산 토끼와 알칼리 토끼입니다. 저는 이것을 창의성 교육과 연관 지었습니다. 산과 알칼리는 pH농도로 −와 +의 양극단을 말합니다. 양극단의 평균치는 pH 0이고요. 지난 세기 산업화 시대의 교육은 '보통 인간'을 길러내는 교육이었습니다. 그러나 빠르게 변하는 21세기에는 양극단에 해당하는 사고를 하는 사람들에 주목해야 합니다.

예를 하나 들어보죠. 2016년 9월 14일 현재 애플의 시가 총액이 6000억 달러가 넘는다고 합니다. 우리나라에서 시가 총액 1위 기업은 삼성전자인데요. 애플의 시가 총액은 삼성전자 시가 총액의 3배입니다. 또한, 2015년 현재 애플이 보유한 현금이 미국 정부가 보유한 현금보다 3배 많다고 하네요. 애플을 키운 사람은 스티브 잡스입니다. 물론 잡스 혼자 애플을 키운 건 아니지만 미국 캘리포니아의 히피 문화적 특성을 가진 잡스류의 창의적인 사람들이 모여 애플을 키운 것이죠. 히피 문화라고 하면 그야말로 극단에 치우친 문화입니다.

창의성 교육을 어떻게 할 것인가에 대한 진지한 고민이 필요한 때입니다. 학교 급별로 차이는 있겠지만, 초등학생 중학생 고등학생 그들의 눈높이에 맞춘 창의성 교육이 필요합니다. 그러기 위해서는 끊임없이 '아래를 향하는' 선생님의 눈이 필요하고 그러다 보면 좋은 아이디어가 떠오릅니다.

이렇게 산토끼의 반대말을 가지고 교육철학에 적용해보았습니다. 산 토끼와 집토끼는 인성, 산 토끼와 바다 토끼는 다름의 이해, 산 토끼와 죽은 토끼는 산 교육과 죽은 교육, 산 토끼와 판 토끼는 교육의 애프터서비스 정신, 산토끼와 끼토산은 꼴찌를 위한 교육, 그리고 산 토끼와 알칼리 토끼는 창의성 교육입니다. 제가 산토끼의 반대말을 가지고 교육철학을 여섯 가지로 구분한 것처럼 선생님들도 자신만의 교육철학을 표상하는 스토리를 하나씩 만드시면 어떨까요?

사고의 차이가
교육관의 차이를 낳는다

문제 하나 드릴게요.

'소와 닭 그리고 풀 이렇게 세 개가 있습니다. 이 중에 서로 관련 있는 것 두 개를 짝지어보세요.'

여러분은 이 문제를 어떻게 풀었나요? 대부분 소가 풀을 먹고 사니까 소와 풀을 짝지었을 것입니다. 그런데 이 문제를 서양 사람들에게 내면 소와 닭을 짝짓습니다世界的인 심리학자 니스벳 교수가 여러 나라의 심리학자들과 공동으로 연구하여 펴낸《생각의 지도》에 나오는 내용을 각색했습니다. 왜 그럴까요? 동양인들은 소가 풀을 먹는다는 '관계'로 생각한다면 서양인들은 소와 닭을 동물이라는 '범주'로 묶어서 파악합니다. 동서양 차이에 대해 알아볼까요?

여러분에게 있어 행복한 삶의 기준은 무엇인가요? 행복하면 무엇이 제일 먼저 떠오르죠? '가족의 행복'이 제일 먼저 떠오르지 않나요? 맞습니다. 이렇게 '행복의 기준'에 대해서도 동양과 서양의 대답은 다릅니다. 서양 사람들은 자신의 능력을 자유롭게 발휘하는 것을 행복이라고 보는 반면, 동양인들은 화목한 인간관계를 맺고 평범하게 사는 것을 행복의 기준으로 봅니다. 개인을 중요시하는 서양이라면 관계를 중요시하는 동양인 것이죠. 영어 'individualism'은 적당하게 우리말로 옮기기가 어렵습니다. 대부분 개인주의로 옮기는데요. 그러면 그 안에 벌써 이기주의가 포함됩니다. individualism이 정확히 그런 뜻은 아닌데 말이죠. 그만큼 서양인이 중요시하는 독립적인 주체로서 개인의 의미를 동양인이 이해하기란 쉽지 않습니다.

월요일 아침이 되면 직장인들은 커피를 마시며 주말에 있던 축구경기나 야구경기로 이야기꽃을 피우기도 합니다. 여기서도 동양과 서양에 차이가 있습니다. 서양 사람들은 선수 개개인의 특징 즉, 누구의 수비 능력이 어떻다는 식으로 이야기하는데, 동양 사람은 게임의 상황 즉, 투 스트라이크 스리 볼에 만루였는데 그때 어쩌고 하는 식으로 이야기합니다. 서양 사람들은 스포츠 게임에서도 개인에 초점을 맞추어 이야기하고 동양 사람들은 게임의 상황에 초점을 맞추어서 이야기한다는 것입니다.

그렇다면 동서양 사람들의 이러한 차이는 왜 생겼을까요? 옛날부터 세상을 바라보는 눈이 동양과 서양이 서로 달랐기 때문입니다. 고대 세계의 문화 중심이던 그리스와 중국의 예를 들어 비교해볼까요? 그리스인이 세상을 고정된 것으로 보고 세상의 본질을 탐구하고자 노력했다면, 중국인은 세상을 항상 변하는 것으로 보았습니다. 동양인에게 앎이라는 것은 인간의 구체적인 행위와 관련된 실용적 의미의 앎이지 서양인들이 바라보는 순수한 의미의 앎과는 차이가 있었습니다.

새옹지마塞翁之馬라는 말 아시죠? 변방에 사는 노인의 아들이 말을 타다가 다리가 부러져 안타까워했는데 전쟁이 터지는 바람에 징집되지 않아 살아났다는 얘기요. 동양 사람들은 음이 있으면 양이 오고 그다음엔 다시 음이 오고…, 세상이란 이렇게 끊임없이 변화하기 때문에 절대적인 앎은 없다고 보았습니다. 유교도 그렇고 불교에서도 제행무상諸

行無常이라고 하여 이 세상은 끊임없이 변한다고 주장합니다.

그러나 고대 그리스인은 세상이 고정되어 있다고 보고, 그 고정된 세상을 탐구하는 일에 집착했지요. 그들은 모순이라는 말에 강박적이라 할 만큼 집착했고 모순을 찾아내기 위해 말이 되든 안 되든 토론에 토론을 거듭했습니다. 이것이 그리스 아고라 광장의 토론 문화죠. 그런 점에서 토론 문화는 당연히 서양인들이 앞서 있습니다.

이런 동서양의 차이는 자연환경에서 비롯된 문화의 차이에서 왔습니다. 그리스는 도시국가이기 때문에 자유롭게 도시를 이동하며 살았고 덕분에 자유롭게 지식을 탐구하며 살았습니다. 또 해양 문명이기 때문에 무역을 통해 서로 다른 문명을 접할 수 있었고 자연스럽게 호기심도 생기면서 지식 자체를 중요시하는 풍토로 이어졌죠.

이에 반해 중국은 주로 농업 문명입니다. 농사는 하루아침에 수확할 수 있는 것이 아니니, 그리스인처럼 이동을 많이 하면서 살 수는 없었습니다. 그래서 일정 범위에 있는 집단이 동질적인 문화를 형성하지요. 이러한 문화에서 다른 의견을 내세웠다간 심한 제재를 받기 때문에 조화나 협동, 중용의 도週 이런 것이 강조되었죠.

생태적 환경이 사회 경제 구조, 육아 방식에 순차적으로 영향을 미치면서 세상을 바라보는 인식론에 영향을 주었습니다. 이런 경향은 세상을 분석하는 인과론 즉, 원인과 결과를 따지는 데도 서로 다르게 나타납니다. 서양인들은 지나칠 정도로 단순한 모델을 가지고 세상을 파악하는 반면, 동양인들은 수없이 많은 인과적 요인 모두에 주의를 기울이다 보니 예외적인 사건이 발생해도 놀라지 않습니다. 주위에서 이런 말 많이 들어보셨을 거예요. "내 그럴 줄 알았지."

이것을 후견지명 효과라고 합니다. 동양인에게서 많이 나타나는 현상인데요. 처음부터 어떤 사건의 결과를 예측할 수 있었다고 과잉 확신하는 것입니다. 그 때문에 당연히 놀라워해야 할 예외적인 사건의 결과에 대해서도 별로 놀라지 않는 경향이 있다는 거죠.

여러분은 친구들과 차나 술을 마실 때 다음 중 어떤 말로 권합니까? '더 마실래?'와 '술 더 할래?' 어떤 게 더 익숙한가요? 동양 사람들은 마시는 상황이나 맥락을 중요시하기 때문에 마시는 행위에 초점을 맞추어 '더 마실래?'라고 하는 반면 서양 사람들은 맥락보다는 대상인 술이나 차를 먼저 꺼내서 "술 더할래?" 이런 식으로 대화합니다. 그래서 영어는 주어에 집착합니다. 우리는 "와~ 비 온다" 이렇게 말하지만, 미국인들은 꼭 주어를 써서 말하죠. "It's raining." 동양 사람들은 상황을 중시하는 '동사'를 통해 세상을 보고, 서양 사람들은 대상을 중시하는 '명사'를 통해 세상을 보는 것입니다.

어떤 사건을 분석하는 데에도 동서양이 차이가 납니다. 루강이라는 중국 유학생이 지도교수와의 불화 때문에 총기를 난사한 사건이 있었는데요. 이것을 보도한 미국 신문 〈뉴욕 타임스〉와 중국 신문 〈월드 저널〉을 비교해봤더니 〈뉴욕 타임스〉는 루강이라는 사람의 개인적 특성 때문에 범죄가 일어났다는 식의 기사를 내보냈고, 〈월드 저널〉은 루강이 처한 상황적 특성 때문에 범죄가 일어났다는 식의 기사를 내보냈습니다.

미국 신문과 중국 신문이 혹시 중국 유학생이라서 다르게 보도한 건 아닐까 의심이 됩니까? 그렇게 오해할 수도 있겠습니다. 그런데 그와 유사한 사건이 또 벌어졌습니다. 그런데 이번엔 범죄자가 미국인이었던 거예요. 이 사건을 보도함에 있어서도 미국 신문은 개인의 특성에 초점을 맞추어 보도하고, 중국 신문은 개인이 처한 상황적 특성에 초점을 맞추어 보도했습니다. 이렇게 동양과 서양은 확실히 상황이나 관계를 중심에 두느냐 개인을 중심에 두느냐로 구분됩니다.

마지막 질문으로 다음의 말은 동양 엄마들이 하는 말일까요? 서양 엄마들이 하는 말일까요?

"네가 밥을 안 먹으면 고생한 농부 아저씨가 얼마나 슬프겠니?"

"인형을 그렇게 던지면 인형이 아프지 않을까?"

모두 동양 엄마들이 하는 말입니다. 이렇게 동양 엄마들은 아이를 교육할 때 관계를 중요시하는 말을 자주 합니다. 그래서 동양을 고맥락 사회, 서양을 저맥락 사회라고 합니다. 심리학에서는 인간형을 두 가지로 구분하는데요. 장의존적 인간형과 장독립적 인간형입니다. 동양인은 장의존적 인간형에 가깝습니다. 자신을 둘러싼 모든 요소를 고려하는 인간형이란 뜻이지요. 반면, 서양인은 장독립적 인간형입니다. 개인의 독립성을 중요시하니까요. 이런 말이 있습니다. 미국인은 항상 남의 눈에 뜨이려고 애쓰는 반면, 한국인은 남들 정도만 되려고 애쓴다. 친구 따라 강남 간다고 할 수 있죠. '자존감'이라는 낱말은 일본어에는 아예 없습니다. 그만큼 자신을 내세우는 것을 조심스럽게 생각하는 동양의 문화라고 할 수 있지요. 하지만 서양은 다릅니다. 미국의 초등학교 1학년에는 '난 대단해'라는 과목이 있어요. 이 시간에는 자신이 대단하다는 것을 반 친구들 앞에 나와서 발표합니다. 이렇게 서양은 개인의 독립성을 무척 강조합니다.

현재 대한민국의 정치 체제는 서양의 민주주의를 도입한 것이죠. 그렇다면 서양인들이 가진 개인의 독립성을 강조하는 문화도 함께 받아들여야 제대로 된 정치를 할 수 있다는 논리인데요. 서양의 제도만 받아들이고 의식은 받아들이지 않았는지도 모릅니다. 그러나 무조건 서양의 것만 좋은 것은 아니겠죠. 요즘엔 서양에서도 동양의 문화를 배우기 위해 아주 열심입니다. 결국 앞으로는 동양의 문화와 서양의 문화가 서로 절충하는 방향으로 나아갈 것이라고 생각됩니다.

동서양의 차이에 대해 이야기를 했는데요. 그럼 이런 동양의 문화는 우리 교육에 어떻게 작용했을까요?

왜 각종 교육정책이 제시되고 실현되어 왔는데 우리 교육은 아직도 문제투성이일까요? 이에 대해 분석을 해보았습니다. 첫째, 그 이유는 본질은 제쳐놓고 각자의 입맛에 맞는 대로 교육을 해석하는 데 문제가 있습니다. 서양 사람들은 앎 자체에 관심이 많지만, 동양 사람들은 앎을 순수한 의미보다는 실용적인 것과 연결한다고 말씀드렸습니다. 그러다 보니 앎의 본질로부터 이탈합니다. 우리 조상들이 쓰던 말 중에 숢이 있었어요. 숢이란 말은 삶과 앎을 모두 포함하는 말이었습니다. 즉, 앎이란 말은 숢이란 말에서 파생된 것이죠. 이렇게 우리에게 있어 앎은 삶과 떨어질 수 없죠. 문제는 앎이 삶과 결부될 때 그 앎은 순수한 의미의 앎이 될 수 없습니다. 소위 실용적이라고 하는 잣대에 따라 앎이 항상 가변적이 되는 것입니다. 한국 교육의 문제를 논할 때도 바로 이것이 문제가 됩니다. 무엇이 교육의 본질인가에 대한 탐구와 합의가 필요한데 그 본질은 제쳐놓고 논쟁하다 보니 답을 도출하기보다는 각자 주장만 하는 평행선을 달립니다. 우리나라 사람들은 교육 문제를 논할 때 어떤 것이 교육적이고 어떤 것이 비교육적인가를 먼저 합의하고 따지는 것이 아니라, 자신의 기준에 맞추어 교육적인 것과 비교육적인 것을 따지다 보니 교육 문제는 꼬일 대로 꼬여가는 것입니다.

두 번째로 동양에는 튀지 않으려는 문화가 있다고 했습니다. 교육개혁을 어렵게 하는 것이 이러한 '남들처럼' 문화가 아닌가 생각합니다.

서양에서는 자기만의 독특함을 찾는 교육을 한다면 우리는 남들만큼은 해야 하는 즉, 뒤처지지 않기 위한 교육을 합니다. 이런 남들처럼 문화는 아파트 문화에서 그 예를 확실히 알 수 있습니다. 외국 사람들이 한국에 와서 놀라는 것 중 하나가 웬 아파트가 저렇게 많을까 하는 것이랍니다. 저 많은 아파트가 세워지는 이유는 꼭 땅이 좁아서만은 아닐 것입니다. 님들처럼 살기 위해, 남들에게 뒤지지 않는 모습을 보이기 위한 체면주의가 있기 때문이죠. 교육에서도 마찬가지 현상이 나타납니다. 옆집 아줌마의 교육관에 모두 휘청거립니다. 옆집 아이가 받는 학원이나 과외는 우리 아이도 받아야 하는 것이죠. 남에게 뒤지지 않기 위한 교육이 되다 보니 자신만의 색깔을 찾는 교육이 되지 못하는 것입니다. 남들처럼 하는 교육! 이제는 바뀌어야 할 때입니다.

세 번째는 '새옹지마 교육관'입니다. 세상에는 음과 양이 있어 서로 번갈아 온다는 생각이 새옹지마잖아요? 세상은 돌고 돈다고 생각하는 것이죠. 교육을 생각할 때도 우리는 새옹지마식 사고를 한다는 것이죠. 교육에는 분명 본질이라는 것이 있는데, 그 교육의 본질을 향한 사고는 유토피아주의자나 갖는 생각일 뿐이라고 치부하고, 세상은 그런 게 아니라는 생각이 바로 새옹지마 교육관입니다. 즉, 우리 교육정책이 진보로 갔다가 다시 보수로 가기도 하고, 보수로 갔다가 다시 진보로 가기도 한다는 것이죠. 그러면서 사람들은 교육이라는 것이 워낙 이해관계가 복잡하니 한 방향으로만 갈 수는 없다고 생각하고, 이렇게도 해보았다 저렇게도 해보았다가 하는 식이 되는 것이죠. 이렇게 되면 모든 교육정책이 시계추처럼 왔다 갔다 할 여지가 많죠. 어느 날은 학생 인권이 중요하다고 했다가 어느 날은 학생 훈육 차원에서 체벌이 중요하다고 했다가 도무지 종잡을 수 없는 귀에 걸면 귀걸이 코에 걸면 코걸이 식의 교육관이 판을 치게 됩니다. 이런 식이 되면 결국 교육의 본질을 찾는 일은 요원한 것이 되고 맙니다.

동양 문화에 따른 우리 교육의 문제점을 분석해보았는데요. 우리 문화의 특성을 이해하고 그에 따른 교육정책을 어떻게 펼쳐야 할지에 대한 진지한 고민이 필요합니다.

우리는 어떤 교육을 해야 할까?

옛날이야기 하나 들려드릴게요. 이홍우 전 서울대 교수가 강연에서 했던 이야기입니다. 한번 들어보시고 우리 교육이 향해야 하는 방향은 어느 쪽이어야 하는지 함께 생각해볼까요?

옛날에 하늘나라에 상제가 계셨습니다. 이 상제는 인간 세상을 창조하고 사람들에게 일을 가르쳐야 했습니다. 그래서 하제 100명을 불러 모아놓고 각각의 임무를 주었습니다. 한 가지씩 일을 맡아서 인간 세상에 내려가 책임지고 사람들에게 그 일을 가르쳐주는 임무였지요. 농사일을 가르치는 하제, 고기 잡는 법을 가르치는 하제 등 100명의 하제들은 상제의 명을 받고 인간 세상에 내려와 사람들을 불러 모아놓고 자신이 맡은 일을 하나씩 자세히 설명했습니다. 농사는 왜 필요하며 어떻게 짓는지를 알려주면 사람들은 모두 금방 고개를 끄덕이며 알려준 대로 따라 했습니다. 고기 잡는 법도 금세 그 필요성을 알아차리고 따라 했습니다. 이렇게 99명의 하제가 임무를 다 마치고 하늘나라로 올라갔는데 단 한 명의 하제만 사람들과 씨름하고 있었어요. 마지막 남은 하제가 맡은 임무는 무엇이었을까요? 바로 '교육'이었습니다.

인간 세상에 내려와 사람들을 불러 모아놓고 교육은 농사짓는 법이나 고기 잡는 법과는 비교가 안 될 정도로 중요한 것이라고 아무리 설명해도 사람들은 그걸 하면 밥이 생깁니까? 떡이 생깁니까? 하고 콧방귀만 뀌는 거였어요. 결국, 하제는 사람들에게 교육을 가르치는 일에 실패하고 하늘나라로 올라가 상제 앞에 무릎을 꿇고 말했습니다. "교육을 사람들에게 가르치는 일에 실패했습니다. 아무리 교육의 중요성에 대하여 설명을 해도 사람들은 아예 관심도 없었습니다." 상제는 크게 노여워하며 고민에 빠졌습니다. '어떻게 하면 사람들이 교육을 받을 수 있도록 할 수 있을까?' 사람들에게 교육을 못 알려주면 힘들게 만들어 놓은 인간 세상이 망할 것은 불을 보듯 뻔했습니다. 몇 날 며칠을 고민하던 상제는 무릎을 탁! 치면서 묘안을 생각해냅니다. 그것은 바로 거짓말을 하기로 한 것이죠. 뻔한 거짓말은 사람들이 금세 눈치를 채니 아주 그럴싸한 거짓말이어야 했습니다. 그렇게라도 교육을 받다 보면 사람들은 교육의 좋은 점을 자연스럽게 알아가리라고 상제는 생각했습니다.

상제는 교육을 담당한 하제를 불러 다시 임무를 주면서 이렇게 말했습니다. "인간들에게 전하라. 교육받는 자는 개인적으로는 사회적 지위가 보장될 것이며 집단적으로는 물질적 번영을 누리게 될 것이다." 상제의 명을 받고 다시 인간 세상에 내려온 하제는 사람들을 불러놓고 상제가 꾸며낸 거짓말을 인간들에게 전했습니다. 이때부터 사람들은 너도나도 뛰어들어 열심히 교육을 받고 오늘날까지 이어지고 있는 것입니다.

오늘날 우리 교육의 현실에 대하여 반성적 성찰을 해보자는 의미로 옛날이야기를 꺼냈는데요. 이 이야기에 비춰볼 때 오늘날 대한민국의 교육 현실은 어떤가요? 앞만 보고 달려가는 우리의 교육 현실은 상제가 한 거짓말에 속고 있는 건 아닌지 모르겠습니다. 교육의 본질은 세상을 바라보는 안목을 키워가는 것이죠. 그런데 우리는 교육을 통해 출세만을 지향합니다. 교육하면 두 가지 방향이 떠오르는데요. 하나는 경쟁, 실력, 진학, 입시, 수능 등이고, 다른 쪽은 인성, 품성, 변화, 인격, 안목, 봉사, 전인교육, 자아실현 등입니다. 과연 어느 쪽이 우리가 지향해야 할 교육일까요?

저는 어느 날 A4용지에 교육을 위해 필요한 것들을 마인드맵으로 그려보았습니다. 교육을 위해 필요한 것이 엄청 많더군요. 교사, 학생, 학부모, 학교 시설, 교과서, 교육정책, 교육청, 학교운영위원회, 교육철학, 교육관, 사범대, 임용고시, 교육단체, 전교조, 교총, 교육 방법, 교육심리학, 교육사회학, 각종 검사, 평가, 논술, 수능, 교구, 칠판, IT 교구, 교칙, 교복, 급식, 냉난방, 교육부, 교육 예산, 교육위원회, 정부 등등 이루 헤아릴 수 없이 많았습니다.

그런데 이것 중에 정말 교육을 위해 꼭 필요한 것만 남겨두고 하나씩 지워나갔어요. 교육을 위해 디딤돌이 되는 것이 아니라 걸림돌 역할만 하는 것들을요. 그렇게 지워나가니 마지막에는 딱 두 가지만 남더군요. 바로 교사와 학생입니다. 사막 한가운데에서도 교사와 학생만 있으면 교육은 이루어집니다.

그만큼 교육에서 교사의 역할은 지대한 것입니다. 교사를 춤추게 하라는 말도 있습니다. 또, 교육은 교사의 질을 넘어설 수 없다는 말도 있죠. 위대한 사람 곁에는 항상 위대한 스승이 있습니다. 《이방인》의 저자 알베르 카뮈는 노벨문학상 수상 소감 연설에서 초등학교 때 자신의 재능을 알아봐 준 제르맹 선생님에게 이 상을 바친다고 말했습니다. 제르맹 선생님이 어린 카뮈의 재능을 알아보고 문학 소년으로 키워낸 것이죠. 몇 해 전 죽은 스티브 잡스도 초등학교 4학년 때 자신의 재능을 알아봐 준 선생님 덕분에 인생의 전환점을 맞았다고 했습니다. 스티브 잡스가 말하기를 만약 그때 선생님이 자기를 잡아주지 않았더라면 감옥에나 들락날락했을 거라고 자서전에서 회고했습니다. 그만큼 선생님의 역할은 지대하고 또 지대한 것입니다.

천원天園 오천석은 이런 말을 했습니다. "교사가 되거든 오지로 가라." 지금 교육 현장에서 힘드시다면 바로 이렇게 생각하는 건 어떨까요? '아! 진정으로 나의 도움이 필요한 아이들이구나!' 이렇게 생각을 바꾸면 아이들이 달라 보입니다. 《그후 아이들은 어떻게 되었을까》라는 책을 쓰신 안준철 선생님은 공고에서 아이들을 가르칠 때 매일 새벽 4시에 일어나 아이들을 생각하며 기도했다고 합니다. 우리 아이들이 잘되기를 바라는 사람은 이 세상에 딱 두 명 있습니다. 한 사람은 부모고요, 다른 한 사람은 선생님입니다.

팍팍한 교육 현실이지만 선생님이 힘을 잃으면 아이들은 더 방황합니다. 모쪼록 우리 선생님들이 용기백배하여 열정의 하루하루를 보냈으면 좋겠습니다.

교실은
학생과 교사, 학습 내용이
연결되는 공간

교육에서 제일 중요한 것은 무엇일까요?

저는 교육에서 가장 중요한 것은 '관계'라고 생각합니다. 관계 형성을 하지 못하면 교육을 할 수가 없지요. 이 관계는 선생님과 학생과의 관계뿐만 아니라 학생과 학생과의 관계, 학생과 교과와의 관계 모두 중요합니다. 매년 처음으로 교단에 서시는 신규 선생님도 있을 테니 그분들을 위해서 차근차근 말씀드려 볼게요.

개학은 3월 2일이지요? 담임 선생님들께서는 아이들 맞을 준비를 철저히 해야 합니다. 올해는 아이들을 잘 만났으면 좋겠다는 바람이 중요한 것이 아니라, 어떤 아이들을 만나든지 내 편으로 만들어 1년을 함께 간다는 신념으로 한해를 시작해야 해요. 어떤 선생님은 공부도 잘하고 성실하고 거의 담임 손길이 필요 없을 정도로 모범적인 아이들로 구성된 반을 맡는 선생님도 계시지만, 제일 문제가 많은 반 즉, 지각 결석은 물론이고 매일 사고치고 반 아이들끼리 왕따에 싸움에 도난 사고에 선생님한테 대들고 하루 한 시간도 바람 잘 날 없는 반을 맡는 선생님도 계실 것입니다. 하지만 어떤 반을 맡든 간에 아이들 지도에 굳건한 믿음과 철저한 전략을 가지고 시작해야 할 것입니다.

우선 담임으로서 반을 운영하는 데 있어 가장 중요한 순간이 아이들과의 첫 만남입니다. 저는 개학 하루 전날인 3월 1일 학교에 출근하여 우리 반 교실을 혼자서 2시간 동안 깨끗이 청소합니다. 아이들을 맞을 준비를 하면서 저 역시 우리 반이 1년간 머물 공간에 익숙해지는 거죠. 그러면서 좌석 배치를 어떻게 할까, 모둠 편성을 어떻게 할까 등 아이들이 처음 교실에 왔을 때 어떻게 해야겠다는 시나리오도 미리 마련해둡니다. 모둠을 편성해 반을 운영하면 아이들이 모둠 안에서 서로를 보살피며 알뜰살뜰 공부합니다. 가령, 맡은 반의 정원이 30명이라면 6명씩 5개 모둠으로 편성하여 모둠별로 앉히고, 모둠장도 선발하고, 모둠 이름도 지어주세요. 저는 모둠 이름을 주도하는 역할에 따라 총무 모둠, 학습 모둠, 웰빙 모둠, 놀이 모둠, 환경 모둠 이런 식으로 지었습니다. 그러면서 학생과 학생 사이를 자연스럽게 연결 지었지요. 학기 초 담임과 학생과의 연결은 물론, 학생과 학생 간의 연결 짓기도 아주 중요한 작업입니다. 저는 담임을 하면서 생각하는 것 중 하나가 '아래를 향하는 교육'인데요. 항상 아이들을 생각하면서 이책 저책에 적어놓았던 문구들을 보여드릴게요.

1. *어느 해인가 불친절하고 자기중심적인 교사를 만나면 우리 아이들은 잠시 성장을 멈춘다. 마치 막 개화하려던 꽃망울이 3월의 폭설을 맞은 듯⋯.*
2. *교사의 말 한마디가 아이들의 가슴속에는 씨앗으로 남는다.*
3. *아이들의 눈빛을 파악하는 교사가 되자.*
4. *한 번 더 생각해주고 한 번 더 상담해주고 한 번 더 다가가면 우리 아이들은 꽃이 된다.*

5. 교직은 보석 찾기다.

6. 성실한 반 관리로 아이들의 상처와 아픔을 어루만질 수 있을까?

7. 아이들의 눈빛을 읽는 선생님.

8. 아무리 속을 썩이는 놈일지라도 나를 기쁘게 해준 날이 더 많다.

9. 너희의 깊은 마음을 헤아리지 못하는 담임을 용서해라. 우리 반이 다른 반보다 잘해야 한다는 강박관념에 사정이 있어 지각하는 너희에게 억압과 상처를 주지는 않았는지, 자율학습 때 자주 빠진다고 미워하지는 않았는지, 선생님과 상담하고 싶었는데 미리 헤아려 주지는 못했는지 이러한 모든 것을 용서해라.

10. 나의 마음에 상처를 받지 않기 위해 아이들에게 상처를 주지 말자.

11. 냉이 꽃과 같은 아이들을 제대로 파악하는 선생님이 될 수 있을까?

12. 공부해도 성적이 오르지 않는 것도 속상한 일이지만, 죽어라 공부해도 돈이 없어 대학을 못 가는 아이의 속은 어떨까? 담임으로서 그런 아이의 속도 챙겨야 하지 않을까? 매일매일 학력 신장에 관한 설만 풀지 말고.

13. 담임 그 이름의 의미.

담임은 학교에서 아이들과 한배를 타고 가는 아주 중요한 역할을 합니다. 그런데 요즘 학교 현장에서는 일이 많다고 아우성입니다. 왠지 모르게 지꺄 기존의 학교 일에 하나씩 추가되다 보니 이제 완전 포화상태입니다. 사정이 이렇다 보니 가장 중요한 담임 역할에 소홀하게 되는 면도 없지 않아 있습니다. 가장 중요한 일이면서 가장 어려운 일이 학생과의 관계를 잘 유지하는 일인데 말이죠.

저는 중국 음식점에서 코스 요리를 먹을 때 의구심이 드는데요. 코스 요리에 총 몇 가지 음식이 나오는지 알아야 양을 조절해가며 먹을 수 있잖아요? 느닷없이 코스 요리 이야기를 꺼낸 것은, 학생과 교사와의 연결과 관련해 생각이 하나 떠올랐기 때문입니다.

학교 일정은 연간 계획, 월간 계획, 주간 계획, 일일 계획 순으로 차근차근 세웁니다. 그러나 계획은 계획일 때가 많습니다. 수시로 바뀌는 것이 많죠. 그중 대표적인 것이 수업 시간표입니다. 가만히 생각해보면, 수업 시간표를 바꿀 때 수업을 듣는 학생들은 전혀 고려 대상이 아닙니다. 순전히 교사들의 편의를 위해서 수업 시간을 옮기지요. 물론 교사의 개인적인 일보다는 주로 학교 일과 관련하여 출장 등 공식적인 일에 따라 바꾸는 경우가 대부분이긴 합니다. 그러나 수업 시간표는 교사와 학생, 공동의 것입니다. 그러니 학생의 입장도 고려하여 시간표를 변동하는 배려도 필요합니다. 정규 수업 시간표는 그나마 다행입니다만 방학 때 보충수업 시간표는 선생님들의 휴가 기간에 맞추어 이리 바뀌고 저리 바뀌는 경우가 왕왕 있습니다. 그러다 보니 날짜에 따라 과목 편중 현상이 생기지요. 어느 날은 영어를 왕창 배우고 어느 날은 수학을 왕창 배우는 식이지요. 이건 좀 아니라고 생각합니다. 이것 말고도 학교에서 벌이는 각종 행사를 학생들이 미리 알지 못하는 경우도 종종 있습니다. 하루 종일 학교에서 생활하는 학생들이 주체적으로 시간을 사용할 수 있도록 배려하는 선생님들의 마음 자세 또한 필요합니다.

그리고 마지막으로 학생들과 학습 내용과의 연결도 중요합니다. 학생들은 자신의 삶과 전혀 동떨어진 내용을 배울 때 교실에서 단절됩니다. 교과서 내용이 현실과 괴리되면 아이들에게 진정한 배움이 일어난다고 볼 수 없습니다. 이렇게 교사와 학생의 연결, 학생과 학생의 연결, 학생과 학습 내용과의 연결 모두 모두 중요합니다.

아이들과의 첫 만남 이렇게 시작하세요

3월 2일은 담임 선생님과 학생들이 첫 만남이 있는 날입니다. 저는 아이들을 처음 만나는 날 '20조 이야기'^{안준철, 《그 후 아이들은 어떻게 되었을까》, 2004 참고}를 합니다. 칠판에 2와 60을 써놓고 어느 숫자가 더 큰지 묻습니다. 너무 쉬운 질문이라 아이들은 고개를 갸우뚱하면서도 60이라고 답하지요. 그다음 2와 60 앞에 20조를 각각 써넣고 다시 아이들에게 물어봅니다. 그러면 아이들은 대답을 잘 못 하죠. 그러면 이때다 싶어 아이들에게 이야기를 시작합니다.

"2와 60은 여러분 각각의 개인차라고 할 수 있다. 공부를 잘하고 못하고, 키가 크고 작고 등등. 그러나 그 앞에 있는 20조는 누구나 가지고 있는 생명 값이다. 우리는 누구나 똑같이 소중한 존재다. 나는 1년간 너희를 차별 없이 대할 것이다."

이렇게 말하고 나면 아이들은 숙연해집니다. 이런 식으로 아이들과의 첫 만남에서 믿음을 주려고 노력합니다.

'5분 먼저 생각하기'

제가 담임을 하면서 항상 생각하는 글귀입니다. 교실에 들어가기 전 아이들에게 어떤 말을 해줄까를 먼저 생각하고 교실에 들어가지요. 농부의 발소리를 듣고 곡식이 무럭무럭 자라나듯, 담임 선생님의 좋은 훈화를 듣고 우리 아이들은 자라납니다. 또한 담임을 하면서 1년 동안 교단일기를 매일 쓰면 선생님 각자 학급경영 비결이 생기리라 확신합니다. 저는 담임을 할 때 교단일기를 매일매일 기록해 한 달이 지나면 일기를 모아 학부모님들에게 편지로 보내드렸는데요. 교단일기를 쓰다 보면 아이들을 항상 곁에 두고 생활하게 되고 그러면 아이들과의 관계가 좋아집니다. 교육은 관계 형성이 핵심입니다. 3월 학기 초가 되면 수많은 학생이 수많은 담임 선생님과 관계를 맺게 되는데요. 행복한 학급을 설계하시어 행복한 한 해를 보내시길 바랍니다.

누구를 위하여
교육하는가?

숫자 3에 대하여 생각해보신 적이 있나요?

저는 어느 날 3이라는 숫자에 관해 생각해보았는데요. 엄청 많더군요. 우선, 엄마 아빠가 있어야 내가 있는 법이니 인류도 이렇게 시작되었겠지요. 나 너 우리는 마법 삼각형의 출발이죠. 단군의 건국 이야기에서 환웅과 웅녀 사이에 태어난 단군은 바로 천지인의 완벽한 조화입니다. 아기 돼지도 3형제고, 하늘에 떠 있는 해달별도 세 개입니다. 인류는 아마 해달별을 보면서 3이란 숫자에 의미를 두었는지도 모릅니다. 3이란 숫자의 기본은 대중소이고 상중하가 있습니다. 가위바위보는 게임의 기본 중의 기본입니다. 의식주는 우리가 인간답게 살기 위한 기본 3요소가 되고요. 우리는 매일 아침 점심 저녁을 먹고 삽니다. 여기서 3이란 숫자를 하루의 완성으로 보았는지도 모릅니다.

우리 한글은 초성 중성 종성으로 이루어진 천지인의 완벽한 조화입니다. 글을 쓸 때도 서론 본론 결론으로 완성합니다. 시조도 초장 중장 종장이 되네요. 유명한 삼단논법은 대전제 소전제 결론으로 구성되죠. 눈 코 입은 얼굴이고 머리 가슴 배는 몸입니다. 점 선 면은 3차원의 시작이고 원 삼각형 사각형은 모든 다각형의 출발이며, 음수 0 양수는 모든 수를 아우릅니다. 이외에도 3으로 완성되는 숫자는 정말 많습니다. 헤겔의 정반합, 색의 3원색, 소설의 3요소, 예각 직각 둔각, 입법 사법 행정, 시 분 초, 진 선 미, 금 은 동, 영토 주권 국민, 육 해 공, 초복 중복 말복 등 끝도 없습니다. 돼지고기 홍어 묵은지를 합친 삼합은 정말 맛있죠. 맹자 어머니는 두 번 이사를 했는데도 맹모삼천지교라고 합니다. 그만큼 3이란 숫자에 의미를 두는 것이죠.

불교에서도 3을 완성의 숫자로 봅니다. 그래서 불교에서는 절할 때 3배를 하고, 법당에는 세 분의 부처님을 모십니다. 불교의 3보는 불법승佛法僧입니다. 불교에서 말하는 고통의 세 가지 원인은 욕심, 성냄, 어리석음입니다. 우리에게는 과거, 현재, 미래가 있습니다. 이 세 가지가 서로 얽히고설켜 있다는 윤회 사상이 불교의 가르침이고요. 과거에 쌓은 덕으로 오늘의 내가 존재하는 것입니다. 현재를 살아가면서 덕을 쌓아야 나의 미래가 있는 것입니다. 이것이 바로 부처님의 가르침입니다.

우리나라 문화는 조화 사상으로 설명할 수 있습니다. 조화 사상의 중심에 한국 불교가 있어요. 일찍이 신라 시대 원효대사는 당나라 유학을 포기하고 신라로 돌아와 화쟁 사상을 가르쳤습니다. 화쟁이라 함은 갈등 속의 조화를 말하는데요. 모든 것은 하나로 통한다는 원융 회통 사상을 말합니다. 원효대사의 조화 사상을 이어받은 고려 초기 승려가 대각국사 의천입니다. 통일신라 때 들어온 선종은 기존의 교종과 갈등하는데 대각국사께서는 교종과 선종을 함께 닦아야 한다는 교관겸수 즉, 조화 사상을 설파했습니다. 고려 후기의 보조국사 지눌도 정과 혜를 함께 닦아야 한다는 조화의 불교철학 정혜쌍수를 말씀하셨습니다. 여기서 정은 선종이고 혜는 교종이지요.

요즈음 우리 사회는 너무 흑백논리에 빠져 있습니다. 친구 아니면 적으로 보는 것은 우리의 전통 사상과는 다른 행동입니다. 우리 사회가 반목과 질시에서 벗어나 서로를 보듬는 조화의 길로 나아가야 할 것입니다. 일제강점기를 지나 광복 이후 빠른 경제성장의 그늘 속에서 우리는 너무 앞만 보고 달려온 나머지 다양성을 인정하지 않는 잘못된 습관이 생겼습니다. 이제는 옆도 살피고 뒤도 보고 하면서 자신을 성찰하고 반성하는 삶을 살아야 할 것입니다.

3이라는 숫자의 의미와 조화 사상에 대하여 이야기를 했는데요. 반갑게도 교육 현장의 기본 3요소인 학생, 학부모, 교사가 서로 조화롭게 지내기로 약속하고 실천하는 모습을 세 곳의 행복씨앗학교에서 목격했습니다. 행복씨앗학교는 충청북도교육청에서 학교를 변화시키고자 2015년부터 시작한 혁신학교의 충북 형 모델로 초중고등학교에서 시행되고 있지요. 매년 10개 학교씩 추가 지정되어 운영되고 있습니다. 제가 다녀온 학교들은 모든 선생님이 혼연일체가 되어 참다운 교육을 시행하고자 열과 성을 다하고 있었습니다. 살아 있는 교실에서는 어느 한 아이도 뒤처지지 않도록 함께 공부하고 있었고, 배움 중심의 모둠 수업으로 모든 아이가 수업에 적극적으로 참여하더군요. 수업 시간에 조는 학생이 한 명도 없었습니다. 수시로 수업을 공개하고 이를 토대로 모든 선생님이 모여 수업과 관련하여 토론합니다. 이 토론의 장에 저도 참여했는데 감동의 연속이었습니다. 시간이 모자랄 정도로 열심히 토론하시더라고요. 3주체 생활협약이라고 해서 학생, 학부모, 선생님이 직접 강당에서 토론을 통해 서로 지킬 약속을 만들어 실천하고 있었습니다.

학생은

1) 공손한 태도로 인사를 하겠습니다.

2) 바른 언어를 사용하겠습니다.

3) 친구를 배려하고 피해를 주지 않겠습니다.

학부모는

1) 아들딸에게 아침밥을 꼭 먹여서 학교에 보내겠습니다.

2) 자녀 앞에서 학교나 교사에 대한 부정적 표현을 하지 않겠습니다.

3) 하루에 한 번씩 자녀를 칭찬하겠습니다.

선생님은

1) 준비된 수업을 하겠습니다.

2) 학생들을 차별하지 않겠습니다.

3) 학생들을 긍정적으로 대하고 칭찬하겠습니다.

이렇게 약속하고 실천하니 학교가 얼마나 멋지겠어요! 또한, 선생님들은 활발하게 의사소통하면서 민주적인 학교 공동체를 만들기 위해 애쓰고 계셨습니다. 행복씨앗학교는 선생님과 학생, 학부모 모두가 행복한 학교였습니다. 이와 똑같은 내용은 아니더라도 학생끼리, 학생과 교사, 학부모와 학생, 학부모와 교사 등등 서로 이것만은 지켜줬으면 하는 내용을 정하고 하나라도 실천하는 모습을 보인다면 학교와 교실이 좀 더 행복해지지 않을까 생각합니다.

선생님이 좌충우돌하는 사이
아이들은 지나간다

저는 아이들을 지도하면서 화를 잘 내지 않습니다.

초보 교사 시절 순간적으로 화를 많이 내고는 깊이 반성하면서 깨달은 바 있어서 그런 것도 있고, 나이가 들어감에 따라 자연스럽게 성격이 조금은 부드러워졌는지도 모르겠습니다.

아이들을 지도하다 보면 화를 조금만 참고 지나면 아! 그때 화를 안내길 잘했다는 판단이 들 때가 있어요. 왜냐하면 대부분의 화는 제 편견에서 비롯된 것이기 때문입니다. 초보 교사 시절 화를 내면 안 되는 순간에 엄청 화를 낸 적이 있습니다. 대전 엑스포로 전교생이 소풍 갔을 때의 일입니다. 그해 대전 엑스포는 전 국민의 관심사여서 사람들이 인산인해를 이루었지요. 엑스포관 하나를 보는데 두세 시간씩 줄을 서야 했습니다. 관람을 마치고 5시까지 버스 있는 곳으로 오라고 하고 학생들에게 자유 시간을 주었습니다. 시간이 흘러 5시에 버스로 와보니 아직 많은 아이가 돌아오지 않았습니다. 다른 반도 마찬가지였죠. 10분, 20분 기다리는 시간이 길어질수록 약간 걱정이 되기도 했습니다만 30분쯤 지나자 거의 모든 아이가 버스로 돌아왔습니다. 그러나 우리 반 수영이만 돌아오지 않았습니다. 다른 반 버스는 먼저 학교로 출발했고, 우리 반 버스만 남아 수영이를 애타게 기다렸습니다. 아무리 기다려도 오지 않아 저는 수영이를 찾아 나섰습니다. 버스 주차장이 워낙 넓어서 한참을 찾아 헤맸습니다. 그러다가 우리 반 버스가 서 있는 위치에서 반대편으로 3km 정도 떨어진 쪽에서 버스를 찾아 헤매는 수영이를 발견했습니다. 수영이는 당황스러운 표정으로 허둥대고 있었습니다. 그 순간 저는 수영이에게 엄청 화를 내고 말았습니다. 당황한 수영이를 더 당황하게 한 거예요. 이렇게 했어야 했죠. "수영아 여기야 여기, 버스를 못 찾았구나. 우리 버스는 저쪽에 있잖아. 이리와." 그러나 저는 엄청 화를 내고 말았습니다. 당황한 수영이를 감싸 안아줄 넓은 가슴을 가지지 못한 쪼다 같은 담임이었죠. 소심하고 조용하고 친구도 많지 않은 수영이가 버스를 못 찾는 것은 너무나 당연한 일이고, 그것을 제대로 챙기지 못한 자신의 책임을 수영이에게 전가한 것입니다.

○○고등학교 1학년 담임할 때의 일입니다.

태윤이란 덩치 큰 아이가 있었는데, 하루는 우리 반 명세가 태윤이에게 맞았다고 명세 부모님께서 아침 일찍 학교로 찾아오셨습니다. 전날 밤 자율학습을 마치고 집에 가기 전에 맞았다고 하더군요. 저도 초등학교 4학년 때 비슷한 일을 겪으면서 '내가 선생님이 되면 힘없는 아이들을 꼭 보호해줘야지.' 하고 다짐까지 한 터인데…. 부끄러웠습니다. 우리 반에서 힘센 녀석이 힘 약한 애를 괴롭히는 것을 담임으로서 살피지 못했다는 사실에 쥐구멍이라도 찾고 싶은 심정이었습니다. 부모님께서는 형사 고발한다고 노발대발하셨지요. 학생부장과 저는 부모님을 진정시키고 잘 지도하겠다고 겨우 설득하여 집으로 가시도록 했습니다. 그러고는 명세와 태윤이를 불렀습니다. 태윤이가 악하지는 않다는 것을 알기에 명세에게 진심으로 사과하라고 했습니다. 그렇게 대충 마무리는 했지만, 그날 사건은 저를 다시 한번 되돌아보는 계기가 되었습니다. 담임이랍시고 아이들은 살피지 않고 설렁설렁 지내는 것은 아닌지, 매일 테니스에만 매달려 사는 것은 아닌지 반성했습니다.

당시 우리 학교는 청주 인문계를 떨어진 아이들이 오는 학교이기 때문에 드센 녀석이 많았습니다. 그런데도 저는 아이들에게 군주처럼 담임 노릇을 하려고만 했지, 나약한 아이들을 하나하나 잘 보살피지는 못했던 것 같습니다. 교실이 교무실에서 멀리 떨어져 있더라도 담임으로서 자주 가서 아이들을 살폈어야 했는데 전혀 그렇게 하지 못했습니다.

담임을 하다 보면 이리저리 튀는 녀석도 참 많습니다.

교직에 발을 들여놓은 지 13년째 되는 해였습니다. 여고에서 처음으로 고3 담임을 맡아 많이 헤매던 때였습니다. 그전에도 담임을 잘해낸 것은 아니지만 그해는 유독 강한 녀석들이 많았습니다. 저는 저대로 일관성 없이 아이들과 부딪치며 좌충우돌했던 것 같습니다. 그중에 미화라는 녀석이 기억에 남습니다. 사실은 그 녀석 이름도 정확히 기억이 나지 않네요. 이것이 바로 그해 교사로서, 담임으로서 실패했다는 증거일 것입니다.

미화는 성격이 강해 엄마와 자주 다투었습니다. 엄마는 회사에 다니셨는데, 미화는 학교 앞에서 자취를 했죠. 그런데 엄마랑 자취방이 거지 같다는 이유로 자주 싸웠어요. 돈도 펑펑 못 쓰게 하고 TV나 냉장고 같은 것도 새것으로 잘 안 사준다고 투덜댔다고 하더군요. 하루는 엄마가 찾아와서 면담을 했는데 아이의 터무니없는 요구 때문에 너무 힘들다고 하셨습니다. 저는 어이가 없어서 미화를 불러서 엄마한테 그러면 안 된다고 타일렀지요. 그리고 이 녀석은 지각을 자주 했습니다. 혼자서 자취를 하니까 늦잠을 자면 깨워줄 사람도 없었겠죠. 지각한 날 불러서 벌을 주면 벌을 받으며 불만을 이야기했습니다. 저번에 우리 반 다른 친구가 지각했을 때는 벌을 안 주더니 왜 자기에게만 벌을 주느냐고요. 담임으로서 일관성이 없었던 것 같아 아차 싶었죠. 당시 어떤 녀석이 지각한 날 벌주는 걸 한 번 그냥 넘어갔었나 봅니다. 그 후로도 미화가 자주 지각을 해서 다시 불러 혼내고 벌을 주려는데, 이번에는 아예 학교를 뛰쳐나가 버렸습니다. 그리고 다음 날은 모의고사가 있었는데 아예 학교엘 나오지 않았습니다. 저는 너무 화가 나서 실장에게 미화의 자취방으로 찾아가 "아예 학교에 나오지 말라"고 전하라고 했습니다. 그다음 날부터 미화는 정말로 학교에 나오지 않았습니다. 며칠 후 미화가 다시 학교에 왔을 때 저는 화를 못 이기고 또 무릎을 꿇으라고 했습니다. 미화는 이번에도 학교를 뛰쳐나가 버렸어요. 그렇게 며칠이 지나고 추석 연휴 자율학습 날 미화가 학교로 찾아왔습니다. 교실을 둘러보고 오는데 교무실 앞에서 미화를 만났죠. 저는 교무실에서 이야기하면 또 역정을 낼 수도 있을 것 같아서 조용한 상담실로 미화를 데리고 갔죠. 미화가 찾아온 이유는 뜻밖에도 자퇴를 하겠다는 것이었어요. 그런데 아이는 어쩐지 예전의 등등했던 기세는 없고 풀이 죽어 있더군요. 저는 어느 담임이 제자를 자퇴시키겠냐고 하면서 자퇴는 안 해준다고 하였습니다. 그것도 수능을 코앞에 두고 자퇴하는 것을 그냥 보고 있겠냐고 타일렀죠. 수능도 얼마 안 남았으니 함께 공부하자고 했죠. 아이는 수긍하는 눈치였어요. 오늘은 공부 준비가 안 됐으니 집으로 가고, 내일부터 나와서 열심히 하라고 등을 떠밀었죠. 못 이기는 척 미화는 집으로 돌아갔습니다. 창문 밖으로 보니 미화가 어깨를 축 늘어뜨린 채 교문 밖으로 걸어나가고 있었습니다. 다음날부터 미화는 학교에 잘 나왔습니다.

그렇게 미화를 졸업시키고 다시 본 건 정확히 2년 후였어요. 그때도 고3 담임이었는데, 우리 3학년 교무실이 3층이고 행정실이 1층이라 볼 일이 있어서 가는데 아는 얼굴이 행정실에서 나온 거예요. 미화였어요. 나를 못 본 척 지나치려고 하는데 내가 미화를 먼저 알아보았죠.

"미화, 원서 쓰러 왔구나."

손에 든 원서는 교대 원서였습니다. 그런데 미화는 자꾸 나를 안 보려고 고개를 돌리는 것이었어요.

"그래도 그렇지, 학교까지 왔는데 담임 얼굴은 한번 보고 가야지."

그 순간 미화 한쪽 눈이 이상한 걸 알았죠. 한쪽 눈이 실명되었던 거예요. 저는 왜 실명되었는지 묻지 않았고 교대 원서를 만지작거리면서 말했습니다.

"그래 미화야, 교대에 가서 좋은 선생님 되길 바란다."

한쪽 눈을 잃어 사회배려대상자 전형으로 지원하려는 것 같았습니다. 아이의 눈에서는 눈물이 주르륵 흘러내렸어요. 우리는 그렇게 짧게 만나고 헤어졌죠. 아이가 오래 있고 싶지도 않았을 거예요. 실명된 자기 눈을 담임에게 보여주고 싶지 않았을 테니까요. 그리고 옛날에 담임에게 잘못했던 것들이 주마등처럼 스쳐 지나갔을 테니까요. 돈 없는 자기 집을 한탄하며 돈을 벌어보겠다고 골프장 캐디를 하다가 골프공에 왼쪽 눈을 맞아 실명한 자기 신세를 보여주기 싫었을 테니까요. 미화는 그렇게 학교를 빠져나갔습니다.

나를 알아가는 자아발견

저는 수업 시간에 들어가서 어떤 날은 진도를 안 나가고 자신을 되돌아보는 시간을 가져보자고 제안한 후 강의를 약 15분 정도 합니다. 사람이 집중하여 강의를 들을 수 있는 시간이 15분이거든요.

강의 자료는 자아발견에 관한 의미 있는 이야기를 미리 준비하여 최대한 엄숙한 분위기에서 진행합니다. 강의가 끝나면 약 2분 정도 조용히 명상을 시킵니다. 그런 다음 백지를 나누어주고, 16등분으로 접으라고 한 다음 한 칸에 하나씩 자신에 관한 긍정적인 면과 부정적인 면을 모두 쓰게 합니다. 될 수 있으면 16칸을 다 채우게 하고, 10분 정도 후에 하나씩 속으로 읽으며 내가 살려야 할 점, 내가 버려야 할 점들을 생각해보도록 합니다.

그리고 나의 부정적인 요소를 날려버리는 시간을 갖자고 합니다. 칼이나 가위로 백지에 쓴 부정적인 요소들을 하나하나 오려내게 하는 거죠. 이때 긍정적인 요소들은 서로 붙어 있도록 잘 오려내도록 지도합니다. 다 오린 후, 긍정적인 것을 접어놓고 부정적인 것을 책상에 펼쳐놓도록 합니다. 그러고는 지금 이 순간 나로부터 버려야 할 것들을 떠나보내는 의식을 합니다.

나를 떠나가는 것들을 한참 노려보고, 이놈들 때문에 오늘날 내가 이 모양 이 꼴이 되었구나! 이놈들을 나에게서 멀리멀리 떼어내 버리자! 종이를 구기고, 나로부터 가장 멀리 던지는 거예요. 금세 교실 바닥에 수많은 구겨진 종이가 나뒹굽니다. 그리고 마지막으로 긍정적인 면이 담긴 종이를 폅니다. 이제 나와 함께할 녀석들이지요. 하나하나 음미하면서 나를 발전시키는 초석으로 삼자고 하면서 마지막 멘트나 파이팅을 외치며 마무리합니다.

아이들에게는 이런 간략한 의식을 하면서 자신을 되돌아보는 시간을 갖도록 하는 것도 매우 중요합니다. 아이들은 어떤 계기가 있어야 자신을 반성하고 되돌아보거든요. 그래서 유치하게 느껴지지만 이런 의식을 하는 것이죠. 아이들은 항상 변할 가능성이 있는 존재니까요.

2.

교육은
한 편의
드라마처럼…

2000년대 초에 강의 부탁을 받았는데요.
신규 교사 추수연수라고 교사로 발령받고 1년이 지난 선생님들을 대상으로 하는 강의였습니다.
강의 주제는 '학급경영'이었습니다. 강의를 부탁받고 엄청 걱정했습니다.
내가 담임 노릇을 잘해왔나? 그렇게 겨울방학 때 강의를 마치고 새 학기가 시작되었습니다.
이제 저는 후배 교사들이 지켜보는 선배 교사가 되었기 때문에
예전보다 담임의 역할에 대해 더 많이 생각하고 고민해야 했습니다.
이때부터 매일매일 교단일기도 쓰기 시작했습니다.
교단일기를 쓰니까 아이들이 더 새롭게 보이더군요.
이 장의 내용들은 그 시절의 교단일기를 엮은 것입니다.
시행착오도 겪고 좌충우돌한 점도 있지만 같은 길을 걸어가는 이 땅의 교사로서
함께 고민하자는 의미에서 살짝 보여드립니다.

한 편의 드라마 같은
수업하기

드라마가 성공하기 위해서는 무엇이 필요할까요? 우선 스토리가 재미있어야겠지요. 어설픈 스토리는 바로 식상하니까요. 수업도 마찬가지라고 생각합니다. 어떤 스토리를 가지고 한 시간을 보낼 것인가를 생각해야 합니다. 주인공도 필요합니다. 수업의 주인공은 누구일까요? 교사? 학생? 둘 다 아닙니다. 수업의 주인공은 그 시간에 배울 주제입니다. 주인공을 놓고 교사와 학생이 치열한 접전을 벌이는 것이 성공한 수업이 되겠지요. 교사 혼자 주인공 역할을 다해버리면 학생들은 시청자에 머뭅니다. 그러면 학교 수업은 인터넷 강의와 다를 바가 없게 됩니다.

드라마는 재미와 감동이 살아 있어야 합니다. 재미도 감동도 없는 밋밋한 드라마는 외면받기 십상입니다. 수업 역시 순간순간의 재미가 있어야 하고 감동도 수반되어야 합니다. 수업 과정에서 학생들이 감동한다면 그 수업은 성공한 수업이라고 할 수 있습니다.

드라마가 성공하기 위해서 또 필요한 것은 무엇이 있을까요? 그것은 음악이라고 생각합니다. 스토리 전개에 맞는 적재적소의 음악은 드라마 성공에 절대적입니다. 왜냐하면 음악과 스토리를 함께 들으면 시청자들은 더욱더 감성적이 되어 드라마 속으로 빠져 들어옵니다. '겨울연가'

하면 어떤 음악이 생각나시나요? 수업도 마찬가지입니다. 그러나 수업은 음악을 틀어놓고 할 수 있는 것은 아니겠죠? 수업에서는 강한 임팩트를 지닌 수업 자료가 드라마 속 음악과 같은 효과를 가져올 수 있습니다. 청각이든 시각이든 짧고 굵은 수업 자료가 수업을 성공으로 인도합니다.

또한, 성공한 드라마는 성공한 조연들이 있습니다. 수업도 마찬가지입니다. 춘향전에 방자와 향단이가 있듯이 수업에도 방자와 향단이가 있습니다. 교사의 발문에 엉뚱한 대답을 하여 좌중을 웃기는 학생들이 있는데요. 이들은 수업의 조미료 역할을 하는 학생들이므로 적절히 활용하는 것은 교사의 지혜라 할 수 있습니다. 그러나 수업의 진지한 주제에 방해되지 않도록 해야겠죠. 그리고 드라마의 성공 요소는 편성 시간에도 있습니다. 아무리 좋은 드라마라고 해도 아침드라마로 편성되면 시청률이 떨어지겠죠? 수업도 황금시간대가 있을 것입니다. 또 앞 시간이 무슨 시간인지 살피는 것도 수업을 성공으로 이끄는 데 필요한 요소입니다.

작은 것까지 신경 써야 드라마가 성공하는 것처럼, 세세한 부분까지 신경을 써야 한 편의 드라마 같은 수업을 진행할 수 있을 것입니다. 드라마 주제에 따라 멜로 드라마일 수도 있고 추리 드라마일 수도 있고 시트콤일 수도 있습니다. 수업도 마찬가지로 어떤 주제를 가지고 수업을 하느냐에 따라 수업의 전개 방식이 달라져야 할 것입니다.

대한민국에서
담임으로 산다는 것

1학년 부장 겸 1반 담임을 맡고 있을 때의 일입니다. 학년회의에서 반별로 반가를 만들어서 사용하자는 이야기가 나왔습니다. 우리 반은 '선택 96'이라는 터보의 노래에 제가 가사를 붙여 매일 아침 조회 시간에 부르도록 했습니다. 문방구에서 '선택 96' 악보를 사 가지고 집으로 와서 주말 내내 가사를 만들어 컴퓨터로 뽑아서 가사 부분에 붙였습니다. 복사를 하니까 마치 제가 작곡한 노래의 악보처럼 보였습니다.

매일 아침 교실에 조회하러 들어가면 '반가 시작!'으로 조회를 시작했습니다. 중간에 랩도 집어넣었는데 아이들은 잘도 불렀습니다. 반가가 끝나면 훈화를 했습니다.

저는 담임을 맡으면 우리 반 학급운영을 모둠별로 합니다. 모둠이란 울타리가 생기면 아이들은 심리적으로 어딘가에 소속되었다는 안정감을 느끼고 그 속에서 너무너무 잘 놀거든요. 모둠별로 자리도 같이 앉고, 청소도 같이하고, 봉사 활동도 같이 가고, 같이 생일잔치도 합니다.

담임을 하면서 청소가 중요한지는 한 10년이 지나고 알았습니다. 초보 교사일 때는 우리 반 청소구역에 운동장이 있으면 운동장 청소담당 아이들을 선착순 시키면서 놀았습니다. 아마 그때 교실 청소는 엉망이었을 거예요. 그때는 교실의 지저분한 모습이 눈에 잘 들어오지 않았습니다. 교실은 꾀죄죄했을 테고 더러운 환경에서 자랐을 아이들을 생각하면 지금도 아찔합니다. 학급경영을 강의한 해부터 저는 교실을 손걸레로 직접 닦는 청소를 시켰습니다. 처음에는 어려웠지만 모둠별로 돌아가면서 하니 아이들도 별 불만 없었고, 오히려 깨끗해진 환경에 만족해했습니다. 우리 반 수업을 들어오시는 선생님들은 공기 자체가 다르다고 칭찬하셨습니다.

아이들 간에 친해지는 방법 중 하나는, 먹을 것을 나누어 먹는 것이에요. 저는 반을 운영하면서 생일잔치를 하는데요. 생일잔치는 그달에 생일인 아이들을 축하할 겸 매월 마지막 주 토요일 점심때 합니다. 3월은 추억의 도시락이라고 제가 명명했는데요. 모둠별로 도시락을 싸 와서 교실에 둘러앉아 함께 먹는 거죠. 다들 도시락을 정성껏 싸 옵니다. 한 번은 어느 모둠에서 제비뽑기를 하여 뽑은 친구 도시락을 각자 준비하는 아름다운 장면도 보았습니다. 아이들이 저보다 한발 앞서 나간 것이죠. 아이들은 행사를 축제로 승화하는 능력이 있습니다. 4월에는 삼겹살 파티, 5월은 도시락 싸서 학교 내 정원으로 소풍 가기, 6월은 짜장면 먹는 날, 7월은 한 달 동안 지각을 10번 이하로 하면 냉면 파티 등등. 이렇게 조금만 고민하면 1년 동안 아이들과 좋은 추억을 쌓을 수 있습니다.

그렇다고 아이들과 놀기만 하는 것은 아닙니다. 공부도 즐기면서 하도록 아이들을 이끌 수 있습니다. 매일매일 아이들에게 자기가 공부한 정도를 백분위로 적어내도록 합니다. 백분위를 적어내는 쪽지는 담임이 나누어주고요. 쪽지에는 반성의 글을 쓰는 공간도 만들어줍니다. 이렇게 쓴 종이를 매일 모둠장이 걷어오면 담임의 노트북 명렬표에 날짜별로 숫자를 기록합니다. 일정 기간, 약 보름 정도로 상하좌우 평균을 내면 매일 우리 반의 공부 정도를 백분위로 파악할 수 있고, 보름 단위로 한 학생이 어느 정도 공부를 하는지도 파악할 수 있습니다. 이것을 가지고 상담 자료로 활용할 수도 있고요.

이런 일도 있었습니다. 어느 여름방학에 한 선생님이 연수를 한 달 동안 들어가게 되었습니다. 그러면서 그 선생님은 반 아이들에게 선생님이 없는 동안 우리 반의 상황을 매일매일 돌아가면서 일기를 쓰라고 노트 한 권을 던져놓고 갔다고 합니다. 아이들은 신이 나서 매일 돌아가면서 '우리 반 일기'를 썼지요. 담임 선생님이 연수를 마치고 돌아와서 그 일기를 읽고 한 달 동안 있었던 우리 반의 상황을 한눈에 알아볼 수 있었다고 합니다. 저도 청원고로 부임하여 담임을 맡자마자 우리 반 일기를 시행했죠. 정말 아이들의 생생한 모습들이 일기에 고스란히 적혀 있더군요. 우리 반 일기에 나타난 아이들의 이야기나 생각 등을 학생부에 적어주기도 했습니다.

담임의 역할을 어떻게 하면 잘할 수 있을까를 고민하던 때에 충남의 한 실업고에서 10년 만에 담임을 맡게 된 선생님이 아이들의 일거수일투족을 적은 교단일기를 매월 말 학부모님들께 편지로 보내드려서 최고의 선생님이란 평을 받았다는 글을 읽었습니다. 저도 일단 도전해보았습니다. 2005년도에 3학년 6반을 담임하면서 교단일기를 쓰기 시작했지요. 처음에는 습관이 몸에 안 배어 며칠 동안 일기 쓰는 걸 까먹어 기억을 되살려 쓰기도 했습니다. 한 달이 지나니 A4 용지 다섯 쪽 분량이 되더라고요. 학부모님께 드리는 글을 같이 써서 편지봉투에 넣어 보내드렸습니다.

며칠 후 학부모님들로부터 감동했다는 전화가 왔습니다. 처음 해보는 일이라 학부모님들께서 어떻게 생각할까 하고 걱정하는 마음도 있었고, 잘했든 못했든 저를 다 보여주는 것이기 때문에 발가벗은 느낌이어서 부끄럽기도 했습니다. 하지만 학부모님들의 전화를 받고 크게 고무된 건 사실입니다. 이제 매일매일 일기를 쓰지 않으면 안 되는 상황이 되었습니다. 기다리는 학부모님들이 있으니까요. 또 일기를 쓰다 보니까 아이들을 세심하게 살필 수 있었습니다. 일기에 쓸 내용을 만들려고 학급에서 이벤트도 자주 했습니다. 아이들은 '우리 담임이 최고'라며 매우 좋아했지요.

대한민국 교육에서 담임은 정말 할 일이 많습니다. 담임의 역할에 대해 신규 교사들에게 강의를 한 후로 저는 담임의 롤 모델이 되어야 했습니다. 지금 와서 생각해보면 담임은 마라토너라고 생각합니다. 마라톤 선수는 급하게 뛰지 않습니다. 끝까지 일관성 있게 뛰지요. 중요한 것은 힘들어도 걷지 않는다는 사실입니다. 담임을 하면서 잊지 말아야 할 사실입니다. 내가 힘들어하면 아이들은 더 힘들어합니다. 그러면 우리 반은 나락으로 떨어집니다.

담임 훈화, 이렇게 해보세요!

저는 학기 초가 되면 아이들에게 '발자국 공책'이란 이름으로 노트를 한 권씩 나누어줍니다. 우리가 함께 1년을 지내면서 일어나는 것들을 기록하게 하는데요. 주로 조회, 종례 시간에 제가 하는 훈화를 쓰도록 합니다. 제가 고3 담임을 하며 했던 훈화 중 몇 개를 들려드릴게요.

1. 우리는 이륙했다. 이륙하는 순간 멈춤은 없다. 멈추는 순간 폭발한다

살벌한 말이다. 비행기는 이륙하는 순간 시속 900km로 목적지까지 날아가야 한다. 중간에 속도를 줄이는 일은 없다. 속도를 줄여 멈춘다면 추락과 함께 폭발만이 있을 뿐이다. 우리는 고3이 되어 수능을 향해 날았다. 우리에게 멈춤은 없다.

2. 즐기면서 공부하는 자를 이길 수 없다

찌들어서 공부하지 말고 느끼면서 공부해라. 의무감으로 마지못해 하는 공부는 능률이 떨어진다. 새로운 것을 알아간다는 지적인 희열감을 느끼면서 공부하는 자가 최후의 승리자가 될 것이다.

3. 네 인생의 CEO처럼 살아라

나는 내 삶의 주인공이다. CEO는 회사를 위해 밤낮을 가리지 않고 일한다. 성공한 CEO의 삶은 치열하다. Impossible에 혼신과 열정, 땀을 쏟아 I'm possible로 바꾸는 사람들이다. 자기 집을 담보로 은행에서 돈을 빌리고 그것도 모자라 친척 돈까지 모조리 긁어모아 회사를 꾸린 CEO가 한눈팔 새는 없다. 우리는 지켜보는 가족이 있다. 자신의 삶에 주인의식을 가지고 매진하라.

4. 고목에서 떨어지지 마라

고3 생활은 고목 버티기다. 60만 수험생이 커다란 고목에 모두 매달려 있다가 하루하루 떨어져 나간다. 지금 이 순간에도 떨어져 나가고 있을지 모른다. 우리는 수능 때까지 이를 악물고 붙어 있자. 아무리 고목이 흔들려도 끝까지 붙어 있자.

5. 하루하루 지날수록 시간이 더 빨리 간다

우리 인생은 연령에 따라 시간이 지나는 속도가 다르다. 10대는 10km, 20대는 20km, 30대는 30km, 40대는 40km, 50대는 50km. 왜 그럴까? 나이가 들어가면서 단조로운 삶을 살기 때문이다. 우리가 공부하면서 3월은 30km, 4월은 40km, 5월은 50km, 6월은 60km로 쏜살같이 시간은 지나간다. 왜 그럴까? 다람쥐 쳇바퀴 돌듯이 공부하기 때문이다. 다이내믹하게 공부해라. 자신의 공부 방법을 수시로 점검해라. 계획을 세우면서 마음을 다잡아라.

6. 매일매일 너의 해바라기를 넘어라

해바라기를 심어놓고 매일 넘는다고 생각해봐라. 처음에는 시답잖아서 따분할 것이다. 그래서 며칠 동안 넘지 않고 딴짓을 한다. 그러는 사이 해바라기는 넘을 수 없을 만큼 키가 커져 있다. 공부도 마찬가지다. 처음에는 하루하루 마디게 공부를 해나간다. 그러나 어느 순간 태풍처럼 몰아치는 부담감이 쓰나미처럼 몰려올 것이다. 그때를 대비해서라도 매일매일 네가 공부할 양을 제압하면서 꿋꿋이 나아가라.

7. 수능은 올림픽이 아니다

올림픽 정신은 참가하는 데 의의가 있다. 그러나 수능은 다르다. 수능에 응시하는 데만 의의를 둘 수는 없다. 수능으로 우리의 인생 진로가 결정된다. 대한민국의 슬픈 현실이긴 하지만.

8. 공부할 때 반경 50cm 이내만 생각하라

공부의 성패는 집중에 있다. 대한민국 어느 수험생이든 주어진 시간은 똑같다. 공부하면서 엄마 생각, 친구 생각, 미래 생각 등등 잡생각 하지 말아라. 네 생각의 범위를 너의 두뇌와 연필을 잡은 손, 책과 공책 안에 묶어 두어라. 너의 생각을 그 원 안에 잡아두어라.

9. 수업 시간은 밥이고 자율학습은 보약이다

밥을 먹어야 보약이 효과가 있다. 보약만 먹어서는 오히려 독이 된다. 수업 시간에 집중 또 집중해라. 그것이 너의 공부 체력을 길러주는 밥이다.

10. 의식을 경험으로 꽉 채워라

공부하는 현재 네 의식을 공부하는 내용으로 100% 채워라. 많은 학생이 절반은 공부하고 나머지 절반은 딴생각하는 버릇을 가지고 있다. 공부할 때 1분 1초라도 너의 의식을 비우지 말고 공부하는 내용으로 꽉꽉 채워라.

11. 중간에 행복을 느낄 순 없다

암벽을 등반하는 사람이 중간에 행복을 느낄 순 없다. 행복은 등반 후에 느끼는 것이다. 우리는 오늘도 암벽 등반을 한다. 모든 행복은 수능 후로 미룬다.

12. 신은 오늘도 나에게 우주를 경험하도록 허락하셨다

우리는 70년을 산다. 전생에 우리가 무엇으로 살았는지 모르지만 우리의 70평생은 이 거대한 우주를 경험하도록 누군가가 허락한 절체절명의 시간이다. 이 사실을 깨닫는다면 하루하루 소중하지 않을 수 있을까?

13. 나는 어디에서 공부하고 있나?

아스팔트에서 공부하고 있나? 비포장도로에서 공부하고 있나? 아니면 자갈밭에서 공부하고 있나? 평상시에 어렵게 공부해라. 수능은 비포장도로다. 매일매일 아스팔트에서 쉽게 공부하다간 비포장도로인 수능에서 당황할 수밖에 없다.

14. 매일매일 큰 소리로 나를 세 번 이상 칭찬해라

자신감이 10%를 향상시킨다. 할 수 있다는 신념을 가져라. 칭찬은 고래도 춤추게 한다. 선생님도 너희를 수시로 칭찬할 테니 너희도 자신을 칭찬 또 칭찬해라.

15. 박주가리 씨앗에는 왜 솜털이 붙어 있을까?

엄마 손바닥 안에서 박주가리 씨앗은 자랄 수 없다. 엄마 나무로부터 최대한 멀리 떨어져야 엄마 나무 그늘의 피해를 받지 않고 무럭무럭 자랄 수 있다. 솜털은 엄마로부터 더 멀리 떨어지기 위한 것이다. 우리도 올해가 지나면 엄마 곁을 떠난다. 박주가리 씨앗처럼.

학생에게 학교의 모든 행사는
한 번뿐이다

아이들에게 수학여행은 더없이 소중한 경험입니다. 지금까지 교직 생활을 하면서 학년 부장으로서 아이들을 이끌고 수학여행을 간 것이 설악산 한 번, 제주도 세 번 해서 총 네 번입니다. 초보 교사 시절 중학교 2학년들을 이끌고 설악산으로 수학여행을 갔습니다. 2박 3일간의 일정인데 왜 놀이공원 코스를 한나절 집어넣었는지 지금도 저 자신을 이해할 수 없습니다. 아마 교육적 마인드가 부족했던 것 같습니다. 그 시간에 고성 통일전망대에 가서 분단의 현장을 아이들에게 보여줬어야 했는데 어리석었지요.

선생님의 교육적 마인드가 없으면 그로 인해 피해를 보는 아이가 수백 명에 달합니다. 매일매일 이루어지는 수업은 말할 것도 없거니와 어떤 행사를 하든지 간에 항상 교육철학을 갖고 접근해야 합니다. 교육적으로 타당한가? 아이들에게 유익한 활동인가? 대의大義에 어긋나는 것이 아닌가? 항상 생각해야 합니다. 그렇지 않으면 꼭 문제가 생기거나 무의미한 활동으로 끝나고 말지요. 모든 활동의 처음부터 끝까지 로드맵을 만들어 실행해야 합니다.

제주도로 처음 수학여행을 갔을 때는 첫째 날 여관이 문제였습니다.

작은 방이 많아야 아이들이 생활하기 편리하단 것을 사려 깊게 생각하지 못했습니다. 큰 방에서 잔 녀석들이 아침에 씻느라 한바탕 전쟁을 치렀지요. 팁 하나 드리자면, 제주도에 가면 수학여행 팀을 받는 여관이 있고 안 받는 여관이 있습니다. 그중에 잘 찾아보면 '올해부터' 수학여행 팀을 받는 여관이 있습니다. 이런 여관이 최고입니다. 일반인만 받던 여관이라 시설이 깨끗하여 아이들에게 최적의 숙소가 되지요. 수학여행에서는 먹고 자는 문제가 매우 중요합니다. 이 문제가 불편하지 않아야 그다음 의미 있는 여행을 할 수 있으니까요. 제주도에 가면 똥돼지 삼겹살을 먹는데 얼핏 보면 비슷하지만 불판에 깔린 고기 두께가 다릅니다. 계약을 할 때 고기 양이 어느 정도인지, 또 남학생과 여학생의 고기 두께를 다르게 달라고 미리 이야기해 두면 아이들이 만족해합니다. 밤에는 페스티벌을 할 수도 있는데, 그땐 바다를 낀 야외공연장 같은 것을 빌려서 우리끼리 준비해간 장기자랑을 하며 즐거운 시간을 보낼 수 있습니다.

이렇게 수학여행을 총괄하는 학년 부장이 하나하나 챙기지 않으면 학생들에게는 한 번뿐인 수학여행이 불편한 수학여행이거나 의미 없는 수학여행이 되고 맙니다. 요즘에는 자유학기제나 또 혁신학교 운동, 고등학교에서는 학생부 종합전형 등으로 학생 활동이 엄청 많아졌는데요. 그냥 하루를 때우는 식이 아니라 모든 것에 교육적 마인드가 꼭 필요합니다. 학생들은 어떻게 되었든 간에 그 활동들이 일생에서 아주 소중한 경험이니까요.

수업에 대해
항상 고민하는 선생님이
좋아요

대부분의 교사는 일사불란함을 지향합니다.

수업 시간에 중구난방 왁자지껄한 상태를 엄청 싫어하죠. 와글와글한 상태가 되면 반을 잘 통제하지 못한다는 자책감을 가지기도 하고요. 이런 현상은 교사 스스로 중고등학교 시절 받고 자란 교육의 틀에서 벗어나지 못하기 때문에 나타납니다. 수업 시간에 조용한 가운데 자신이 준비한 강의에 귀를 쫑긋 세우고 아이들이 들어줄 때 교사들은 행복감을 느낍니다.

강의식 수업이 가지는 장점은 많습니다. 그러나 아이들이 사고의 나래를 펴고 창의성을 신장시키려면 스스로 활동을 해야겠지요. 수동적인 상태에서는 아무래도 수능 같은 문제는 잘 풀지 몰라도 그 이상의 어떤 것은 나오기 어렵습니다. 그래서 학생 참여 수업이 필요합니다. 학생 참여 수업을 하면서 교사들은 놀랍니다. 지금까지 강의식 수업만 하면서 느끼지 못했던 새로운 행복감을 느끼지요. 아이들의 변화된 모습에 뿌듯함도 느낍니다. 그리고 자신이 새로운 수업 방식을 도입하여 성공했다는 것에 자부심도 느끼지요.

그러나 강의식 수업이든 학생 참여 수업이든 피드백이 중요합니다. 일련의 과정을 마치고 교사 스스로 수업을 분석하고 잘된 점과 잘못된 점, 만족한 점과 부족한 점, 충분한 점과 미흡한 점, 그리고 학생의 관점에서 필요한 점 등을 보완해나가야 합니다. 수업 방식에 대한 교육학적 배경을 꼼꼼히 따져보기도 하고, 이 교육 내용에 이 수업 방식이 왜 필요한지도 생각해야 합니다. 최적의 수업 방식이 무엇인지에 대해 철저히 고민한 후에 새로운 수업 방법을 도입해도 늦지 않습니다.

도덕 시간에는 '왜'라는 사고가 아주 중요합니다.

저는 중학교에 근무할 때 전국도덕교사모임에서 펴낸 책에서 '왜'라는 질문으로 수업을 시작하고 이끌어간다는 글을 읽고 수업에 적용한 적이 있습니다.

아이들에게 수업 전에 지정된 페이지나 단원을 읽고 거기에서 '왜'나 '어떻게'로 시작되는 질문을 10개씩 써서 제출하도록 하고, 그중에서 제가 가장 가치 있는 질문에 동그라미를 쳐주면, 아이들은 그것을 백지에 서술형으로 답안을 써서 제출합니다. 그러면 제가 학생 전체 답안을 읽어본 다음 수업 시간에 발표할 것을 정하고, 지정된 학생이 발표를 하고 질문하는 방식의 수업이었습니다. 나름대로 열정을 가지고 수업을 진행한 것으로 기억하지만 제대로 된 피드백을 하지 못해 아쉬움이 많이 남았습니다. 그런 수업 방식이 아이들에게 어떤 면에서 논술 실력 향상에 도움이 되었는지, 또 도덕적 내면화는 어떻게 되었는지 제대로 된 피드백 없이 수업 자체에만 몰입하여 진행한 것이 아쉬운 점으로 남습니다.

교사는 항상 자신의 수업 방식 및 내용을 점검하고 되돌아보아야 합니다. 자신은 대단한 수업을 한다고 생각할지 모르나 핵심을 놓치는 수업을 하는지도 모릅니다. '어떻게', '왜'로 시작하는 저의 이러한 수업 방식은 고등학교에서도 지속했는데 이 수업이 한 학생의 인생을 바꾼 적도 있었습니다.

1학년 초에 윤리 노트에 질문을 10개씩 적어내는 숙제를 내주었습니다. 그런데 어느 반 노트를 검사하다 보니, 10문제 모두 A급 질문으로 채운 학생이 있더라고요. 저는 감탄하여 별표를 다섯 개^{다른 아이들은 잘한 것 하나에 별표 하나를} 주었습니다. 그 학생 이름은 수아였는데, 수아는 그 일을 계기로 학교생활에 만족했음은 물론이고 모든 활동에 성공적으로 안착한 결과 전교 1등을 유지했습니다. 1학기 여름방학이 끝나고 부모님께서 수박 한 통을 사 가지고 오셔서 수아가 윤리 수업을 계기로 학교에 애착을 가지고 정말 열심히 공부한다는 말씀을 듣고 뿌듯해했던 기억이 있습니다.

수업 방법 중에 직소우^{JIGSAW} 모형이라는 것이 있습니다.

학생 모둠을 전문가 모둠과 일반 모둠으로 나누어 전문가 모둠에서 같은 주제로 공부하게 한 다음, 자기 모둠으로 돌아가 전문가 모둠에서 배운 내용을 돌아가면서 가르치고 개인별로 시험보는 방식이지요. 글로벌 리더십 캠프 때 적용해보았더니 학생들의 참여도 좋았고, 새로운 방식으로 배우는 것에 학생들이 흥미를 느끼는 것 같았습니다.

글로벌 리더십 캠프는 이렇게 운영합니다. 참가 희망자는 점심시간을 이용하여 청원고 아고라 광장에 모여 학생 누구나 단상에 올라가 3~5분 동안 자유주제로 발표하는 '플래시 몹' 과정을 거쳐 72명을 선발합니다. 선발된 72명을 12명씩 6개 모둠으로 나누어 여러 가지 활동을 시킵니다. 다문화 체험 시간에 직소우 모형을 도입했는데요. 각자에게 터키, 베트남, 태국, 인도, 몽골, 칠레 여섯 나라를 미리 조사해오라고 할당했습니다. 예를 들어 1모둠 1번은 터키, 2번은 베트남, 3번은 태국, 4

번 인도, 5번은 몽골, 6번 칠레, 7번은 다시 터키 … 12번은 칠레 이런 식으로 배정했습니다. 다문화 시간에 우선 나라별[12명이 됨]로 둘러앉게 하고, 각자 조사해온 내용을 서로에게 교육하는 시간을 주었습니다. 전문가 모둠 시간이죠. 그런 다음 자기 모둠으로 돌아가 그 모둠에서 배운 내용을 모둠원에게 가르칩니다. 일정 시간 후 미리 준비한 시험지로 시험을 보고 시상을 합니다. 수업 장면에서도 직소우 모형에 맞는 내용을 찾아 설계하면 좋은 수업 모형이 될 것입니다.

요즘에는 거꾸로 교실 수업이 유행입니다. 선생님이 수업 내용에 관한 동영상을 먼저 찍어 그걸 아이들이 집에서 보고 오도록 독려한 뒤, 수업 시간에는 모둠별로 토론하는 식이죠. 학생들이 활동하고 참여하니까 즐겁게 수업에 임할 수 있겠지요. 수업에 대하여 항상 고민하는 것은 우리의 사명입니다.

어떻게 무엇을
상담하고 계십니까?

아이들이 사는 집의 대문만 보아도 아이를 파악할 수 있습니다.

제가 교직에 몸담은 이래 가정 방문이라는 제도는 없었습니다. 아무래도 촌지니 향응 접대니 불필요한 잡음을 일으키면 안 된다는 무언의 약속이 있지 않았나 싶습니다. 굳이 제도가 마련되지 않아도 교사 스스로 얼마든지 할 수는 있겠지요.

예전 우리 반에 달동네에 혼자 사는 소녀 가장 주희가 있었습니다. 옆집 사는 고모가 가끔 돌봐주는 형편이었죠. 저는 3월 초 어느 날 실장을 대동하고 주희가 사는 집에 가정방문을 해보았습니다. 방에 둘러앉아 이야기를 나누는 느낌은 학교에서의 상담과는 또 다른 느낌이더군요. 그 후로도 주희와 상담을 계속하면서 대학 진학은 어디로 할지, 등록금 문제는 어떻게 해결할지, 대학 진학 후의 생활은 어떻게 할지 등에 대하여 의논했습니다. 그러다가 논산의 금강대학교를 탐색하게 되었습니다. 신입생은 수능 1등급 학생을 선발하여 등록금을 장학금으로 지원해주는 대학이었죠. 재학생도 학점에 따라 전액 장학금을 주는데, 약 92%가 장학금을 받는다는 정보를 알았습니다. 주희를 불러 금강대학교를 목표로 공부하자고 독려했습니다. 주희는 수학을 어려워했는데 다행히도 금강대학교는 정시모집에 국어 영어만 반영하니 두 과목만 열심히 공부해보자고 했지요. 그야말로 모험이었습니다. 주희는 죽어라고 국어 영어만 공부했고, 9월 모의 수능에서 두 과목 점수가 1등급에 근접했습니다. 그렇게 노력한 끝에 수능에서 두 과목 모두 1등급을 찍었습니다. 결국 주희는 금강대학교 행정학과에 합격하는 영광을 누렸습니다.

담임의 1년은 상담의 1년이라고도 말할 수 있습니다.

상담은 담임을 하면서 진짜로 열정을 쏟아야 할 부분입니다. 아마 초보 교사와 베테랑 교사의 차이가 크게 드러나는 부분이기도 할 것입니다.

치기 어린 초보 교사 시절 저는 상담을 제대로 한 기억이 없습니다. 열정만 있었지 아이들 하나하나의 심리를 파악하여 그들을 인도하진 못했던 것 같습니다. 어느 해 3월에는 아이들을 파악한답시고 쉬는 시간에 한 명씩 불러서 상담한 적도 있어요. 가만히 생각해보면 10분 동안 무엇을 상담했겠습니까? 순전히 상담했다는 생색만 내고 때우는 거죠.

이제는 그렇게 하지 않습니다. 담임이 되면 3월 초에 기본적인 신상에 관한 상담을 돌아가면서 합니다. 아이들끼리 알아가는 것도 중요하기 때문에 집단 상담도 합니다. 이렇게 하는 거죠. 방과 후에 한 개 모둠을 남겨서 교실 책상을 한쪽으로 밀고 게임도 하고 게임 후에는 책상에 둘러앉아 라면을 끓여 먹으면서 자기소개, 별명 말하기 등등 이야기를 합니다. 그러면 자연스럽게 친해지지요. 우리 딸이 중학교에 다닐 때 담임 선생님은 모둠별로 아이들을 아예 자기 집에 초대해 하룻밤을 재우면서 아이들을 파악하시더군요. 정말 대단한 열정입니다.

신상에 관한 기본적인 상담이 끝나면 고3의 경우 3월 첫 모의 수능을 봅니다. 결과가 나오면 바로 그것을 토대로 첫 번째 입시 상담을 합니다. 목표하는 대학, 진학 전략과 공부 방법 등에 관해 하루에 한두 명, 주말에는 대여섯 명씩 상담을 합니다. 이렇게 하면 반 아이들 전체를 상담하는 데 대략 2주일 정도가 소요됩니다.

그러고 나서 4월 초에 두 번째 상담을 하지요. 이때는 4월 말에 중간고사가 있으니 시험 대비 및 고3이 되어서 한 달 동안 공부한 이야기, 공부가 안될 때 왜 안되는가 분석, 시간관리 건강관리 등에 대해 상담합니다.

중간고사가 끝나면 체육대회, 스승의 날 등으로 후다닥 지나가고, 5월 말에 세 번째 상담을 합니다. 이때의 상담은 6월 모의 수능의 중요성, 더워지는 날씨 대처법, 슬럼프에 빠지지 않기 등등을 상담합니다. 그리고 6월 모의 수능을 보고 나서는 그 성적을 기초로 전국에서 나의 위치, 어떻게 성적을 올릴 것인가, 다가오는 기말고사 전략 등을 상담합니다.

기말고사가 지나면 1학기가 끝납니다. 곧 여름방학이 되니, 방학 때 취약한 부분을 어떻게 돌파할 것인가에 대해 상담하죠. 이때부터는 수시 원서 접수철이기 때문에 해당하는 학생을 집중적으로 상담합니다. 한번은 고3 담임을 하면서 저희 반 아이 중에서 네 명이 서울대를 지원했는데요. 이 아이들 추천서를 쓰기 위해 하루 한 명씩 심층 상담을 한 적이 있습니다. 여름방학 내내 보충수업을 하느라 진짜 방학은 4일이었는데, 이 4일 동안 학교에 나가 네 명의 아이를 하루에 한 명씩 상담해서 그 아이의 모든 것을 파악하려고 노력했습니다. 그렇게 하니까 아이에 대한 추천서를 더 밀도 있게 쓸 수 있었습니다.

이렇게 여름방학이 끝나면 9월에 가장 중요한 모의 수능이 있습니다. 9월 모의 수능 후 마지막 전략에 대해 상담하면 수능 때까지는 공부 또 공부하는 시기죠. 수능 후에는 정말 중요한 입시 상담이 있습니다. 수능 본 바로 다음 날 수능 가채점에 따른 수시 논술 응시 여부, 가능 대학 점검을 위한 상담을 합니다. 12월 초 수능 성적 발표 후에는 정시 가나다군 지원을 위한 상담 등 1년간의 담임 역할은 상담의 연속입니다.

대한민국에서 고3 담임을 하려면 입시 전문가도 되어야 합니다.

우리나라 입시는 변화무쌍해서 한 해 한 해가 다르거든요. 저는 고3 담임을 하면서 입시 전문가가 되려고 엄청 노력했습니다. 각종 입시설명회를 빠짐없이 다니면서 정보를 탐색했고, 학교에서 학부모나 학생을 대상으로 입시설명회를 직접 했습니다. 그러다 보니 더 자세히 연구하게 되더군요.

어느 날, '내가 아는 입시 정보를 메신저로 한 토막씩 짧게 우리 학교 모든 선생님에게 보내주면 어떨까'라는 생각을 했습니다. 바로 하루에 하나씩 보내기 시작했습니다. 예를 들어 "서울대 지역 균형은 올해부터 학교에서 두 명만 지원 가능, 내신 점수화 없이 입학사정관 전형으로 사정", 이런 식이었습니다. 매일 이렇게 자료를 보내다 보니까 제가 알고 있는 머릿속 정보가 모두 동났습니다. 그러면 저는 각 대학에 전화를 걸어 입시 정보만이 아니라 기숙사 현황, 장학금 현황 등 하나씩 캐물어서 또다시 보내주었죠. 이렇게 150일 정도 하니까 그 데이터가 엄청났습니다. 그 내용을 가지고 나중에는 입시 관련 책을 만들기도 했습니다. 누구나 처음 고3 담임을 맡으면 겁이 납니다. 교사가 모두 입시 전문가는 아니니까요. 그러나 3월 초 아이들을 만나기 전에 연구를 많이 하여 내공을 쌓는다면 아이들 앞에 당당하게 설 수 있을 것입니다. 끊임없는 노력이 전문가를 만듭니다.

자기소개서 꿀 팁 10

선생님은 입시 상담 말고 자기소개서도 지도해야 합니다. 저는 고3 담임을 하면서 아이들을 대상으로 자기소개서 특강도 했습니다.

1. 나만의 헤드라인을 찾아라!

신문 기사의 헤드라인은 다 아실 겁니다. 자기를 압축해서 표현할 수 있는 강력한 문구를 생각해보세요. 자기소개서에 들어갈 수 있는 글자 수는 많지 않기 때문에 자신을 표현하는 짧고 강한 문구가 필요합니다.

2. 내 삶의 에피소드

자신을 소개할 적절한 이야기를 실마리 삼아 전개하면 좋은 자소서를 쓸 수 있습니다. 자신만의 이야기로 풀어가는 자소서.

3. 나만의 역사를 만들어 가자

나에 관한 역사죠. 이때 역사는 내가 살아온 역사일 수도 있고, 앞으로 만들어나가고 싶은 역사일 수도 있습니다.

4. 공부 말고 뭐 잘해?

공부도 공부지만 그 외에 자신을 보여주는 것이 중요합니다. 학생들이 지원하는 대학교의 학과에는 다른 학교에서도 내신 성적이 비슷한 수준의 학생들이 지원할 거예요. 그러면 자소서에는 공부 외에 자신의 특기나 인성, 창의성 등을 표현해야 구분이 되겠지요?

5. 초두 효과

자소서는 첫 문단 첫 세 줄이 중요합니다. 사람에게 첫인상이 있는 것처럼 글에도 첫인상이란 것이 있습니다. 그래서 환상적인 첫 문장으로 시작해야 합니다. 그렇다고 첫 문장을 누군가 대신 써주면 안 됩니다. 너무 프로 냄새가 나는 자소서도 감점 요인입니다. 투박하더라도 진솔한 자소서가 좋은 점수를 받을 수 있습니다.

6. 단점과 극복, 그 속의 감동

대부분은 자소서에 장점만 나열합니다. 하지만 사람은 누구나 장점과 단점을 가지고 있습니다. 단점을 솔직히 쓰고 그것을 극복하기 위해 노력한 과정을 이야기하는 것이 더 설득력이 있죠. 이때 노력한 과정엔 감동이 살아나게 기술해야 합니다. 그러지 않으면 차라리 안 쓴 것만 못합니다.

7. 뚜렷한 삶의 목표

자소서를 쓴다는 것은 자신의 삶을 성찰하는 일이기도 합니다. 왜 내가 이 학과에 진학하려는지 이유를 뚜렷이 드러내야 해요. 내가 만들어가는 내 인생 로드맵에 대한 당찬 진술이 필요합니다. 자소서를 쓰면서 아이들은 한 단계 성장합니다. 그만큼 자소서 쓰기도 큰 교육이지요.

8. 프로그램 속의 나

대부분의 자소서에는 어떤 활동을 했다는 내용이 많은데요. 그 활동 속에서 내가 무엇을 느꼈는지를 써야 합니다. 다양한 활동을 통해 성장한 나를 찾아서 써야 합니다. 느낀 점도 어떻게 기술하느냐에 따라 의미가 달라지겠지요. 자소서는 읽는 사람이 공감할 수 있어야 합니다.

9. 대학의 인재상과 나

해당 대학이 원하는 인재상에 비추어보았을 때 나와 연결할 수 있는 점을 찾아야 합니다. 대학마다 추구하는 인재상이 다릅니다. 학생들은 자기가 지원하는 학교를 탐색해 해당 대학이 추구하는 인재상에 나를 어떻게 접목할 것인가를 생각하면서 자소서를 구상해야 합니다.

10. 창의적인 자소서

나를 소개하는 글은 이 세상에 하나밖에 없습니다. 어떤 내용이나 표현이 유행한다고 해서 막 쓰면 금세 식상합니다. 예를 들어, 반기문 전 유엔 사무총장을 롤 모델로 하여 외교관의 꿈을 키운 학생이 많은데요. 정치외교학과에 지원하는 학생 대부분은 자소서에 반기문 전 유엔 사무총장이 등장할 겁니다. 하지만 아무리 좋은 내용이라도 중복되면 식상할 수밖에 없겠지요.

여기에 세 가지를 더 보태면, 자소서를 쓸 때 항상 파일명을 날짜순으로 저장해두십시오. 처음 쓴 내용을 지우고 다시 저장하는 것이 아니라 날짜별로 저장하다 보면, 처음에 쓴 내용이 더 신선할 경우도 있습니다. 또 하나는 질문거리가 많은 자소서를 작성하십시오. 면접관들이 질문을 많이 해야 대답하면서 학생 여러분의 장점을 더 드러낼 수 있고, 그러면 면접에서 좋은 점수를 받게 되니까요. 그리고 인터넷에 보면 맞춤법 검사기가 많이 있으니 쓴 내용을 검사하여 오타가 없도록 하는 건 기본입니다. 모쪼록 학생들은 좋은 자소서를 작성해 자신도 성찰하고 대학에도 합격하기를 진심으로 바랍니다.

학생부 이렇게 기록하세요

저는 '혁신학교, 학생부, 학생부 종합전형' 이 셋은 함께 간다고 생각합니다. 학교를 혁신적으로 잘 운영한다는 것은 아이들을 활동시키는 것이고, 아이들의 활동을 잘 나타내는 것이 학생부이고, 결국 이것이 대학 입시의 학생부 종합전형에 유리하니까요.

아이들의 활동을 한눈에 볼 수 있는 것이 학생부입니다. 학생부의 주요 영역은 여섯 개입니다. 수상 경력, 진로 희망 사항, 창의적 체험 활동 상황봉사, 동아리, 진로, 자율, 교과 학습 발달 상황, 독서 활동 상황, 행동 특성 및 종합 의견입니다. 하나씩 살펴볼까요?

첫 번째, 수상 경력입니다. 상을 받으면 대부분 교과상 즉, 학력상만을 생각하는데, 교내에서 각종 대회를 만들어 아이들의 활동을 유도하고 그것으로 상을 주고 이를 학생부에 적습니다. 많은 학생이 참여하는 대회를 만들어 아이들이 활동할 수 있게 해야지요. 그러나 상의 남발은 신뢰성을 떨어뜨려 역효과가 날 수도 있습니다. 선행상을 매달 주는 것은 같은 상을 남발하는 경우입니다. 중요한 것은 다양한 활동을 통해 다양한 상을 만들어야 한다는 것입니다. 선생님이 항상 아이들을 생각하면서 궁리하면 좋은 아이디어가 떠오를 것입니다.

두 번째, 진로 희망 난에는 학생 희망, 학부모 희망을 따로 기재하게 되어 있습니다. 3년 동안 희망이 일관되면 좋겠지만 학생들의 꿈이 바뀔 수도 있으니 희망 직업이 바뀌는 것은 크게 문제 되지 않습니다. 중요한 것은 특기나 흥미를 쓰는 난입니다. 여기에 독서, 음악 감상 등 이렇게 한 단어로 쓰는 경우가 있는데, 그보다는 아주 세세하게 써주면 좋습니다. 예를 들어 역사에 관심 있는 아이라면 역사 드라마 비틀어 보기, 우리 고장 문화유적 분석해보기, 박물관 기행 칼럼 쓰기. 이런 식으로 세세하게 써주면 더 좋겠죠.^{2016년 11월에 24일에 발표한 학생부 기재 방식의 교육부 지침에 진로 희망란에서 특기와 흥미를 아예 삭제했습니다. 그만큼 학생 성장 과정에서 수시로 변화할 수 있다는 이유 때문이죠. 그리고 학부모 진로 희망란 또한 삭제했습니다. 본문 내용은 좀 다르지만 이전의 학생부 기록도 역사이기 때문에 제가 썼던 내용을 고치지 않았습니다.} 그러기 위해서는 아이들을 잘 관찰해야겠지요.

세 번째, 창의적 체험 활동 상황입니다. 여기에는 동아리 활동, 봉사 활동, 진로 활동, 자율 활동 영역이 있습니다.

동아리 활동은 모든 학교에서 활성화되어 있습니다. 학생들은 자신의 진로와 연계한 동아리에 서너 군데 정도 가입해 활동하는데요. 중요한 것은 활동의 진정성입니다. 학생부에는 그 학생의 활동이 세세하게 드러나야겠지요. 활동하는 모습이 눈에 선하다는 느낌이 들 정도로요. 교육부 지침은 아예 '창의적 체험 활동이나 행동 특성 및 종합 의견에 교사가 상시 관찰하고 평가한 구체적 활동을 적시하고 추상적 표현을 지양하라'고 하였습니다. 따라서 앞으로는 '탁월하다', '우수하다'는 식의 막연한 형용사는 지양해야 합니다.

의미 있게 봉사 활동한 학생들을 보면 몇 가지 특징이 있습니다. 첫째로 시간의 양보다는 질, 둘째 자신의 진로에 맞춘 봉사 활동, 셋째 마음에서 우러나오는 봉사 이렇게 세 가지입니다. 이 세 가지는 얼핏 보기에는 다른 것 같지만 결국은 같은 의미입니다. 자신의 진로에 맞는 봉사 활동을 찾아 진정성 있는 마음을 가지고 하는 것이죠. 제가 가르치는 청원고에는 '심봉사'라는 봉사 동아리가 있습니다. '나의 봉사를 누구에게도 알리지 말라'는 뜻으로 학생들이 지었지요. 자신들의 존재를 알리지도 않고 어디론가 가서 봉사하는 겁니다. 그래도 학생들의 선행을 칭찬하려고 수소문해서 학교로 전화가 오기도 하고, YTN 뉴스에 나오기도 했습니다. 예를 들어 시금치 농장에서 일하고 대가로 받은 시금치를 독거노인들께 전하기도 하고, 교내에서 연탄 기금을 모금하여 연탄 배달하는 식인 거죠.

전국 대부분 중고등학교에는 진로·진학 담당 선생님이 배치되어 있습니다. 이 선생님들은 각종 연수나 연구를 통해 진로·진학에 관한 다양한 기획과 프로그램을 갖고 계십니다. 학교별 특성에 맞추어 프로그램을 잘 진행해서 아이들에게 좋은 경험을 제공하지요. 요즈음 학교에서 많이 하는 것에는 교육 기부 형태로 지역 내에 각종 직업군의 인생 선배님을 모셔서 교실별로 강의를 구성하면 학생들은 자신이 관심 있는 진로 방을 찾아가 강의를 듣고 질문하는 프로그램이 있습니다.

그런데 이런 거시적인 활동도 중요하지만 미시적인 것도 간과하면 안 됩니다. 담임 선생님과 상담하면서 아이들은 진로 고민을 많이 합니다. 이것을 학생부에 세세히 적는 방법도 좋습니다. 학생부에 아이들이 어떠한 생각을 하면서 크는지가 나타날수록 좋거든요. 물론 그러기 위해서는 아이들과 상담을 많이 해야겠지요. 상담 활동의 차이는 교사의 연륜에서도 나지만 선생님의 열의에 따라 드러난다고 생각합니다.

선생님들께서 올해의 상담 목표를 '하루에 한 명씩 반드시 상담한다'

고 정하면 어떨까요? 우리 반이 30명이라면 한 달에 30명꼴로 할 수 있겠죠? 물론 토요일, 일요일, 방학 기간 등을 빼면 그보다 적겠지만 적어도 1년에 6번은 상담할 수 있지 않을까요?

상담! 정말 힘드실 겁니다. 하지만 아이들의 아픈 마음을 잘 보듬는다고 생각하면 힘들어도 보람은 있잖아요? 교직 생활하면서 저는 이런 생각을 많이 했습니다. '아이들은 지나간다.' 선생님이 멈칫멈칫 하는 사이 아이들은 하루하루 계속 커갑니다. 그 아이들이 자신이 걸어갈 방향을 모르고 훌쩍 커버리기 전에 좋은 아이디어나 프로그램이 있으면 바로바로 시행해야 합니다. 제자들은 선생님의 사랑을 먹고 자라니까요.

비 오는 날 교정을 걸어 나오는데 저쪽 철조망에 누군가 버린 흰 종이 뭉치 하나가 있는 거예요. '누가 휴지를 저 철조망에 구겨서 꽂아놓았을까?' 하고 주우러 다가가 보니, 그것은 버려진 종이가 아니라 철조망 사이를 뚫고 피어난 백합이었어요. 종이뭉치인 줄 알았는데 가까이 다가가 보니 백합이었던 것처럼 우리도 아이들을 어떠한 시각으로 바라보느냐에 따라 다르게 보입니다.

한번은 어느 따뜻한 봄날 공림사엘 놀러 갔습니다. 우리는 여기저기 피어난 예쁘고 화려한 꽃들 앞에 가서 사진도 찍고 왁자지껄 즐겁게 올라갔지요. 그러다 발아래 피어난 아주 작은 꽃을 발견했습니다. 쪼그리고 앉아 그 꽃을 들여다보면서, '이 작은 꽃도 자기를 바라봐 달라고 이렇게 예쁘게 피어 있구나.'라는 생각이 드는 거예요. 그러면서 우리 반 아이들을 생각하게 되었어요. 우리 반 아이 중 누구는 화려한 꽃처럼 크게 핀 녀석도 있지만, 누구는 아주 작게 피어 있겠지요. 그러나 모두 다 자기만의 색깔을 지니고 있는 거잖아요? 우리 선생님들은 아이들 모두 차별 없이 한결같은 마음으로 사랑해야 하겠습니다.

따지고 보면, 결국 상담이라는 것도 아이들 하나하나를 사랑으로 대하는 방법입니다. 제가 쓰는 상담 방법을 알려드리면요. 상담에는 학기 초 상담과 입시 상담, 진로 상담 등 여러 종류가 있습니다. 저는 어떤 종류의 상담을 하든 그날 상담할 내용을 미리 질문으로 작성합니다. 그래서 학생이 상담하러 오면 노트북 엑셀 파일에 학생 스스로 질문에 대한 답을 작성하게 합니다. 10분 정도의 여유를 준 뒤 학생이 답한 내용을 하나하나 짚어가면서 상담합니다. 상담하면서 노트북 엑셀 파일에 추가할 내용은 추가하고요. 상담을 마친 후, 인쇄해서 아이에게 주면 아주 좋아합니다. 또한, 이렇게 작성한 상담 내용은 보기 좋게 파일로 정리해서 가지고 있으면서 수시로 이용하면 좋겠지요.

네 번째로 교과 성적이 표시되는 난인데요. 교과 성적란 아래에는 세부 능력 및 특기 사항 난이 있는데 이 부분이 아주 중요합니다. 그런데 예전에 선생님 중에는 습관적으로 또는 형식적으로 미사여구를 붙여넣기⟨혁신학교를 위한 33가지 제언⟩이라는 칼럼에서 저는 Ctrl+v가 없는 학교를 만들자는 제언을 했습니다. 아이들은 절대 같지 않으니까요 한 분도 있었습니다. 하지만 이런 방식으로 기재하는 것은 별 의미가 없습니다. 이제는 그래서도 안 되고요. 해당 교과 시간에 아이들이 한 활동을 구체적으로 적어야 합니다. 아이들의 사고방식이 변하는 과정도 적어야겠지요. 결국 수업 방식도 강의식 수업 일변도면 안 되고, 아이들의 생각에 변화를 주는 수업, 아이들이 스스로 만들어가는 수업을 해야만 가능할 것입니다. 또한, 수업 이후에 아이들이 들고 오는 질문도 표시해두었다가 적어주면 좋습니다. 끊임없이 아이들을 관찰한다고 생각하시면 되지요. 이러다 보니 선생님들은 1년 동안 컴퓨터에 학생부를 켜놓고 생활하셔야 할 것 같습니다. 실제로 그렇게 하시는 선생님도 있고요.

2017년 바뀐 학생부 기재 요령은 힘줄 곳과 힘을 뺄 곳을 요구하고 있는데요. 이 세부 능력과 특기 사항 부분이 정말 중요해졌습니다. 그만큼 수업의 중요성이 강조된다고 할 수 있습니다.

다섯 번째 독서 활동 상황이 있습니다. 초중고 모든 학교에서 독서 교육은 빼놓지 않고 잘하고 계십니다. 독서교육 프로그램을 만들어 운영하는 학교도 많고요. 그렇지만 개인적인 관심 분야의 독서는 스스로 찾아서 심도 있게 해야 합니다. 내신 성적 3.7인 학생이 서울대학교 경영학과에 합격했는데요. 3.7이면 1단계 컷에서 탈락하는 점수입니다. 그런데 이 학생의 특징은 경영 관련 독서량이 워낙 많아서 1단계를 통과했습니다. 입학 사정관들이 '일단 2단계로 올려보자'는 생각이었겠죠. 2단계에서 면접을 해보니 교수들과 논쟁할 정도로 경영 서적을 엄청 많이, 심도 있게 읽었더라는 겁니다. 그래서 최종 합격된 사례입니다. 우리 학생들도 자신이 미치도록 좋아하는 분야를 빨리 찾아서 그 분야의 독서를 많이 한다면 충분히 그 분야에 대한 식견을 쌓을 수 있으리라 생각합니다. 교육부에서는 학생부 내용 중 이 부분에서 학생들이 독후감을 써 오면 선생님들이 수정해서 입력하는데 이것이 결국 셀프 학생부 아니냐며 독서 목록과 저자만 적도록 바꾸려고 하는 것 같습니다. 그러나 독서 기록의 경우 학업 능력이나 학생의 관심사를 알 수 있는 중요한 사항이기 때문에 제한을 두지 않는 것이 좋습니다. 책 제목만 적는다면 학생들이 독서에 대한 동기유발이 줄어들 가능성이 큽니다.

마지막으로 행동 특성 및 종합 의견입니다. 창의적 체험 활동, 교과 세부 능력 및 특기 사항과 더불어 가장 중요한 학생부 영역입니다. 아이에 관한 모든 것을 적어주는 난인데요. 지금 당장 선생님들께서는 엑셀을 열어서 우리 반 아이들이 30명이라면 아이별로 셀을 한 개씩 총 30개 만들어서 1년 내내 아이들 관찰하면서 셀에 기록해 나가시기 바랍니다. 그래야만 그 아이에 관한 1년간의 종합 의견을 학생부에 더 풍부하게 적을 수 있을 것입니다. 바야흐로 학생부 종합전형의 시대입니다. 선생님의 한 글자 한 문장이 아이의 장래와 직결되는 현실입니다. 우리 모두 힘을 내야 하겠습니다.

3.

인문학을
교실로
초대하다

아이들은 선생님의 생활을 보고 배웁니다.
오죽하면 아이들은 선생님의 그림자만 보아도 배운다는 말이 있을까요.
항상 책을 가까이하면서 배움을 실천하는 선생님을 존경합니다.
문사철文史哲로 회자되는 인문학은 우리에게 자양분을 줍니다.
요즘 선생님들 굳게 다짐해도 마음먹은 대로 되지 않을 때도 잦죠.
외부로부터는 인공지능이다 4차 산업혁명이다 해서 끊임없는 변화를 요구받고,
안으로는 배움으로부터 탈출하려는 아이들과 씨름하느라 정신이 없습니다.
창의성을 키워주는 교육, 감동을 주는 교육을 매일 되뇌지만
마음먹은 대로 되지 않는 것이 학교 현실입니다. 힘들수록 돌아가라는 말도 있습니다.
짤막한 인문학 향기로 한 줌의 여유를 가지시기 바랍니다.

철학의 자양분을
교과 속으로

철학은 자양분입니다. 인류가 살아가는 힘이 철학에서 오기 때문입니다. 그 자양분이 풍성하게 나온 시기를 양이라고 보고, 자양분을 먹고 산 시기를 음이라고 보면 인류의 역사는 음과 양이 교차해서 반복적으로 나타났습니다. 기원전 500년을 전후로 동서양에서 수많은 철학자가 나타났습니다. 중국의 공자, 인도의 석가모니, 서양의 소크라테스 등 세계 4대 성인 중 세 분이 이때 활동하였습니다. 이 시기를 철학자 야스퍼스는 차축 시대라고 불렀습니다. 기원전 800년에서 기원전 200년 사이 차축 시대에 나타난 사상가나 사상은 다음과 같습니다. 중국의 공자, 맹자, 순자, 노자, 장자, 묵자, 한비자 등이 있었고, 인도의 고타마 싯다르타, 우파니샤드, 자이나교 등, 이란의 조로아스터교, 팔레스타인의 엘리아, 에레미아 등, 그리스의 소포클레스, 헤라클레이토스, 소크라테스, 플라톤 등 참으로 엄청납니다. 이런 양의 시대에 나타난 철학자들의 업적을 자양분 삼아 이후 시대인 로마, 한나라 등이 살아갑니다. 로마나 한나라는 모든 것이 정신보다 물질 위주입니다. 그 결과 거대 로마제국은 물질의 쾌락 속에 빠져 침몰하고, 이후로 인류는 약 1000년 이상 음의 세상에서 살아갑니다. 서양은 중세의 암흑기를 거치고, 동양도 사상의 발전을 이루지 못했죠. 시기적으로는 기원전 200년부터 기원후 1200년경까지입니다. 그러다가 인류에게 빛을 주는 수많은 철학자가 동서양에서 다시 등장했는데요. 동양은 수많은 도학자로부터 시작해 성리학을 집대성한 주희, 양명학의 왕양명, 한국에서는 이황, 이이, 정약용 등이 있고, 서양은 베이컨, 데카르트, 스피노자, 벤담, 밀, 칸트, 헤겔 등이 이 시기에 나타났습니다. 시기적으로는 약 1200년부터 1900년 사이입니다.

기원전 800년~기원전 200년: 제1 차축 시대(양)

기원전 200년~1200년: 제1 침체기(음)

1200년~1900년: 제2 차축 시대(양)

1900년 이후~현재(음)

이렇게 분석해보면 오늘날 우리가 누리는 물질적 풍요가 역사상 어느 때와 비슷한지를 알 수 있어요. 서양에서 로마가 번성하던 시기랑 비슷합니다. 역사는 반복된다는 진리에 따르면 우리 인류의 앞날이 우울합니다. 서로 치고받고 싸우고 물질적 쾌락에만 매달리다가 침체의 늪으로 빠지는 건 아닌지 우려가 됩니다. 그래서 인문학이 중요하죠. 물질에만 매달리면 우리 인간은 자꾸 허무해집니다. 정신을 고양해나가는 일이 현대를 살아가는 우리에게 꼭 필요합니다.

🖉 앞의 내용을 읽으시는 선생님들의 반응은 두 가지일 것 같아요. 한쪽은 '색다른 분석이네요.' 하는 분과 다른 쪽은 '별로 동의하기 어려운 분석인데요.' 하는 부류겠죠. 그러나 저는 이렇게 생각합니다. 제가 철학을 평생의 업으로 삼고

가르치면서 그냥 앵무새처럼 교과서에 있는 내용을 가르친다면 아이들에게 큰 감동을 주기는 힘들 것 같습니다. 끊임없이 자신의 교과를 재구성해서 아이들에게 다가가야 아이들 앞에 떳떳하게 설 수 있다고 생각합니다. 끊임없이 고민하다 보면 교과 재구성의 아이디어가 떠오릅니다.

각자 '답게'
사는 세상

공자는 야합으로 태어났습니다. 공자의 아버지 숙량홀은 첫째 부인에게서 딸만 아홉을 두었지요. 이에 두 번째 부인을 얻어 아들을 낳았으나 장애가 있었습니다. 건장한 아들을 원했던 숙량홀은 무당인 안씨 집에 딸이 셋 있는 걸 알고 안씨 댁에 청혼했습니다. 안씨 댁의 첫째 딸 둘째 딸은 모두 숙량홀의 청을 뿌리쳤으나, 셋째 딸 안징재는 그 청을 받아들여 정식 결혼을 하지 않고 공자를 낳으니 이때 숙량홀의 나이 68세 안징재의 나이 16세였습니다. 사마천의 《사기》에 기록된 공자의 탄생 비화입니다.

공자가 태어나고 3년 후 숙량홀이 죽었습니다. 공자의 고달픈 어린 시절이 시작됐지요. 역사상 큰 인물 중에는 불우한 어린 시절을 보낸 이가 많습니다. 도종환의 시 〈흔들리며 피는 꽃〉처럼 사람도 역사도 바람 앞에서 더욱더 강해지는 법인가 봅니다.

남편을 잃은 안징재는 공자를 데리고 자기 고향으로 돌아왔습니다. 공자는 평생 자기 아버지의 묘를 알지 못했다고 합니다. 어떤 이유인지 모르지만 어머니가 공자에게 알려주지 않았다고 해요. 철없던 시절 시집간 안징재가 훗날 자신의 처지를 생각해보니 너무 억울해서 그랬던 것일까요?

하여튼 공자는 무당인 어머니를 따라 장례 일_{당시 무당은 장례지도사 일을 함}을 돌보면서 예법에 관한 것들을 익힌 것으로 판단됩니다. 한편 어려운 환경 탓에 귀족 가문의 집안일을 거들면서 어깨너머로 글공부를 했습니다. 공자가 훗날 '내 나이 열다섯에 학문에 뜻을 두었다'고 한 걸 보면 그 나이 때 책을 가까이할 수 있었으리라 짐작됩니다. 공자 나이 서른이 되자 이제 그는 홀로 설 수 있을 만큼 학문이 경지에 이르렀으며, 당시에 자그마한 서원_{지금의 사립학교}을 하나 열었습니다. 이때부터 그의 학문은 높아갔고 주위에는 수많은 제자가 따랐습니다. 자공, 안회, 자로와 같은 뛰어난 제자 덕분에 공자의 사상은 더욱더 빛을 발했지요.

공자는 안회를 지극히 사랑했는데, 이는 공자의 사상인 예禮를 몸소 실천한 거의 완벽한 제자였기 때문입니다. 심지어 공자는 안회를 자신보다 자신의 사상을 몸에 배게 실천한 제자로 생각하였습니다. 도올 김용옥은 공자를 재즈 전문가로 평가하였는데, 이는 공자가 예뿐만 아니라 악에도 능통했기 때문일 것입니다. '예에서 사람이 서고 악樂에서 사람이 완성된다'는 말처럼 당시의 예법에는 악이 반드시 동반되었습니다.

공자의 고향은 지금의 산둥성 곡부에 해당하는 취푸입니다. 취푸에는 수많은 공자 유적이 있지만, 1966년 문화대혁명 당시 북경 사범학교 교수와 학생들이 몰려와 문화재를 많이 망가뜨렸습니다. 홍위병들의 작태였지요. 그렇게 푸대접받던 공자가 1980년대 덩샤오핑이 집권하면서 새롭게 조명을 받습니다. 공자 사상을 중국의 새로운 이데올로기로 만들기 위해 전 국가적인 노력을 합니다. 공자에 관한 영화, 애니메이션 등을 만들어 전 세계에 보급했지요.

공자는 춘추전국 시대 사람으로, 그는 당시 사회가 혼란한 원인을 개인의 도덕적 타락 때문으로 보았습니다. 사람은 누구나 태어날 때 인仁을 가지고 태어나는데 이 인이 타락하여 사회가 혼란한 것으로 보았지요. 따라서 인을 회복해야 하는데, 효孝를 극진히 하면 누구나 인이 회복되며, 그런 사람을 가리켜 바로 군자라고 했습니다.

공자에게 있어 효는 백행百行의 근본이었습니다. 그래서 부모가 돌아가시면 3년 동안 부모님 묘 옆에 움막을 지어놓고 부모님의 평소 가르침을 되새기는 시묘살이를 했습니다. 살아생전 부모님의 가르침을 되새기면서 부모님을 그리워하는 것이지요. 모두가 인을 회복하기 위한 과정이었습니다.

제자 자로가 공자에게 물었습니다. "모든 인간관계의 근본은 무엇인가요?" 공자 왈曰, "그것은 별거 아니다. 모든 걸 입장을 바꾸어서 생각해보면 되느니라. 네가 하기 싫으면 남도 하기 싫은 법." 공자는 모든 것을 역지사지로 생각하는 서恕의 정신을 강조하였습니다.

공자는 특히 정명正名을 강조했습니다. '임금은 임금답고 신하는 신하답고 아버지는 아버지답고 자식은 자식다워야 한다'는 사상입니다. 이 정명에 비추어 오늘날 우리 사회를 평가하면 어떨까요? 각자 자신이 맡은 일에 최선을 다할 때 우리 사회는 잘 돌아가지 않을까요? 요즈음 우리는 자신이 맡은 일 보다는 남의 밥상에 콩 놔라 팥 놔라 하고 너무 많이 간섭합니다. 전문가기 너무 많아요. 이제 숙연히 자신을 되돌아보아야 할 시간입니다.

✎ 현대를 살아가는 우리는 수많은 정보를 가까이할 수 있습니다. 그러다 보니 자기가 모르는 분야의 전문가가 말하는 것에 대하여도 그리 신빙성 있게 받아들

이지 않습니다. 자기도 조금은 안다는 식이지요. 이것은 바람직하지 않습니다. 특히 인터넷과 함께 사는 요즘은 아이들이 너무 쉽게 세상을 생각하는 경향이 있는데요. 이런 점에서 공자의 정명 정신이 필요합니다. 사회는 여러 분야로 쪼개져 있고 분야별로 특성에 맞는 역할이 있습니다. 그걸 서로 인정할 때 사회는 발전해가는 것이죠. 요즘 아이들은 세상에 태어나 처음으로 하는 일이 소비죠. 이들보다 한 세대 전만해도 형제가 많아 가정에서 빗자루 들고 청소하거나 밭에 나가 김을 매는 등, 처음 한 것이 어떤 역할이었는데 말이죠. 그래서 요즘 아이들에게 역할 교육이 더욱더 중요합니다.

공자께서 말씀하신 인생을 우리 교사들에게 적용해봅니다.

"나는 열다섯 살에 학문에 뜻을 두었고, 서른 살에는 우뚝 섰으며, 마흔 살에는 미혹됨이 없었고, 쉰 살에는 천명을 알았고, 예순 살에는 귀가 순해졌고, 일흔 살에는 마음이 원하는 바를 따라도 법도에 어긋남이 없었다 吾十有伍而志于學, 三十而立, 四十而不惑, 伍十而知天命, 六十而耳順, 七十而從心所欲 不踰矩 "

교사로 살아가면서 공자님이 걸어간 길을 표준으로 삼아 생활한다면 최고의 교사가 되지 않을까요? 서른 살에 학문을 홀로 할 수 있을 정도가 되었고, 마흔 살이 되어서는 교사의 길 말고는 다른 길을 전혀 생각하지 않으며, 쉰이 되어서는 나에게 주어진 천명은 오롯이 아이들을 길러내는 것이라고요.

21세기에 메아리치는
묵자의 겸애 정신

"네 이웃을 네 몸처럼 사랑하라." 성경에 있는 예수의 말씀입니다. "자신 자가 자국을 사랑하듯이 타인 타가 타국도 사랑하라." 묵자의 말씀입니다. 예수가 박애를 주장했다면, 묵자는 겸애를 주장했습니다. 두분 다 차별 없이 모두를 사랑하라는 메시지를 전했지요.

묵가^{묵자의 사상 받들던 제자의 무리}는 유가와 대립했습니다. 유가가 지배층의 이데올로기를 대변한다면, 묵가는 피지배층의 이데올로기를 대변했습니다. 유가가 강조하는 사랑인 인은 별애입니다. 친소^{親疎, 가깝고 먼}를 구별하는 사랑입니다. 일단 내 가족부터 사랑한 다음 이웃으로 확대해가는 사랑입니다. 일단 내 나라를 먼저 사랑하라는 것이지요. 잔잔한 호수에 돌을 던지면 동심원을 그리면서 퍼져나가듯이, 가까운 곳을 먼저 사랑하면 그 사랑이 퍼져나간다는 뜻입니다.

그러니 묵기는 겸애입니다. 차별 없이 사랑하라는 것입니다. 내 나라든 남의 나라든 똑같이 사랑하라는 거죠. 그러면 전쟁이 일어날 일이 없다고요. 가히 혁명적입니다. 이렇게 묵자의 사상은 남을 이롭게 하는 것이 결국 자신을 이롭게 한다는 겸애교리 철학입니다. 겸애교리^{兼愛交利}, 차별 없이 사랑하고 이익이 생기면 함께 나누자는 것입니다. 남을 이롭게 하는 것이 결국 자신을 이롭게 하는 것이라는 공리주의적 성격을 지닌 사상입니다.

묵자는 유가에서 강조하는 예를 사치스럽다고 비판했습니다. 유가에서 강조하는 부모 3년 상(喪)은 노동력의 낭비이며, 화려한 장례와 오랜 상례를 사치스럽다고 비판했습니다. 묵자는 검소한 삶을 강조했습니다. 묵가는 항상 검은 옷을 입고 다녔으며, 장신구 같은 사치를 삼갔습니다. 생산에 힘쓰고 이익은 공동 분배했고요. 또한 인간만이 노동하는 동물이라고 하여 노동의 가치를 숭상하였습니다. 《회남자》라는 책에는 "묵자를 따르는 무리가 180명인데, 그들은 우두머리의 명령이 떨어지면 불 속에 들어가는 일이건 칼날을 밟고서는 일이건 절대 주저하지 않을 사람들이다."라고 적혀 있습니다.

전국 시대 말기 맹자가 "세상이 온통 묵적과 양주의 사상뿐이다."라고 개탄한 것을 보면 당시 묵자의 사상이 널리 퍼져 있음을 짐작할 수 있습니다. 묵자는 피지배 계급을 위한 사상이므로 지배 계급은 그 사상을 싫어했습니다.

전국 시대가 끝나고 통일의 기운이 감돌면서 묵자의 사상은 사그라들었습니다. 지배층의 입맛에 맞는 사상은 당연히 법가 아니면 유가일 것입니다. 특히 한나라 무제는 유학을 관학으로 숭상하면서 묵자 사상은 오랜 기간 땅속에 묻혀 있었습니다. 묵자 사상이 새롭게 조명받은 건 현대 중국에 공산주의가 들어서면서입니다. 인민을 생각하는 공산주의가 묵자의 사상과 일맥상통하는 면이 있기 때문이지요.

《묵자》의 비공(非攻) 편에서는 침략 전쟁을 부정합니다. 그러나 방어를 위한 전쟁은 피할 수 없으니 방어를 위한 전쟁 무기를 묵가는 많이 만들어냈지요. 묵가의 전쟁 무기와 방어전술은 당시 많은 인기를 끌었던 것으로 생각됩니다. 전국 시대가 저물고 통일 제국이 들어서면서 방어전에 머무는 묵가의 전술보다는 이기는 것을 강조한 손자병법이 그 자리를 차지하게 됩니다.

한편 비명非命 편에서는 운명론을 거부합니다. 우리의 삶을 운명에 맡기기보다는 인간의 노력이 중요함을 설파하지요. 더 나아가 세습적인 신분제를 거부하는 사상으로까지 전개되니, 신분제를 옹호하는 유학과는 절대적 대립관계로 치닫습니다.

묵가는 몰락한 사회주의와 공통점을 갖습니다. 그것은 바로 인간의 욕망을 통제하지 못했다는 것입니다. 인간의 욕망에 처절하게 매달리는 것은 문제이지만, 한편으로 인간의 욕망은 삶의 원동력으로 작용합니다. 묵가와 사회주의는 이 점을 소홀히 다루었지요. 자본주의를 보면 알 수 있습니다. 내가 열심히 노력한 만큼 보상받는다는 전제가 있어야 사람들은 열심히 일하고 그 속에서 창의성도 발휘하고 사회는 발전합니다. 그러나 묵가나 사회주의는 분배에 초점을 맞추었으니 일정 시간이 지나면 사람들의 동기가 꺾여 사회의 동력이 떨어진다고 할 수 있습니다.

✏ '바람은 구름 없이 못 가고 인생은 사랑 없이 못 간다'는 말이 있습니다. 우리는 역사적으로 '사랑' 하면 예수님의 사랑만을 떠올립니다. 그러나 묵자의 겸애 정신을 알고서 그의 민중에 대한 사랑을 알게 되었습니다. 특히 묵자의 사랑은 피지배층을 향한 사랑이기 때문에 더욱더 가치 있게 느껴집니다. 제가 교단에 서면서 견지하는 자세는 바로 위를 보지 않고 아래를 본다는 것입니다. 위를 보고 사는 교사는 자신의 승진을 위해 아이들을 수단시할 가능성이 큽니다. 그러지 않기 위해서는 매 순간 우리의 시선이 아이들을 향할 때 진정한 가르침이 나

온다고 할 수 있습니다. 저 역시도 승진에 욕심이 없었던 것은 아닙니다. 그래도 그것을 이겨내고 저 자신을 바로 잡을 수 있었던 것은 아래를 향하는 묵자의 철학이 아니었나 생각됩니다.

이렇게나 닮은
동서양의 철학

우리가 추구해야 할 지존^{至尊}의 가치는 진선미성^{眞善美聖}입니다. 이 가치들은 추구하면 추구할수록 좋지요. 동서양의 수많은 사상가는 이 가치들을 추구하기 위해 일생을 바쳤습니다. 그런데 진리는 서로 통하는 법, 생각이 깊다 보면 어떤 합일점에 도달하는가 봅니다. 동양과 서양은 지리적으로 떨어져 있고 역사와 전통도 다르지만 일치하는 생각을 한 사상가가 많습니다.

서양에는 헬레니즘 시대에 스토아학파가 있었습니다. 제논을 필두로 한 이 학파의 핵심 사상은 로고스^{logos}입니다. 로고스는 이 우주를 지배하는 우주 이성입니다. 그런데 가만히 생각해보니 이 로고스가 인간에게도 있던 거죠. 바로 이성이지요. 그래서 그들은 인간을 소우주로 보았습니다.

이러한 생각이 동양에도 있었을까요? 동양에서는 예로부터 하늘을 경외하는 경천 사상이 발달했습니다. '하늘이 무섭지도 않느냐?', '하늘도 무심하시지' 등의 말은 모두 하늘에 도덕적인 의미를 부여하는 말입니다. 이렇게 하늘을 경외하는 동양의 사상은 인간의 본성이 하늘을 닮았다는 사상으로 발전합니다. 바로 성즉리 사상입니다. 성즉리, 인간의 본성이 곧 리理라는 것입니다. 여기서 리는 우주 이법을 말합니다. 완벽한 우주를 만들어가는 것이 리이고 인간의 본성 또한 리를 닮아서 완벽 즉, 선하다는 사상입니다.

인간 이성이 우주 이성을 닮았다는 스토아학파나 인간 본성이 우주 이법을 닮았다는 성리학이나 그 생각의 궁극점은 맞닿아 있습니다. 단지, 스토아학파와 성리학의 차이점이라면 스토아학파는 우주 이성을 닮은 인간 이성을 인간이면 누구나 가지고 있기 때문에 인간은 평등하다는 생각으로 전개한 반면, 동양의 성리학은 우주 이법을 닮은 인간 본성이 선하다는 생각으로 전개했습니다.

공자와 플라톤도 닮은꼴 사상가입니다.

공자 사상의 핵심은 정명입니다. 이름값을 하라는 거죠. '임금은 임금답고 신하는 신하답고 아버지는 아버지답고 자식은 자식다워야 한다君君臣臣父父子子'는 사상입니다.

플라톤은 각각의 계층이 자신의 직분에 맞는 역할을 할 때 이상 국가를 이룰 수 있다고 생각했습니다. 통치계급은 지혜로 다스리고 수호계급은 용기로 나라를 지키며 생산계급은 절제하면서 생산에 힘쓸 때 정의로운 사회가 이루어진다는 생각입니다. 각자 맡은 역할을 잘하라! 공자와 플라톤의 생각이 일치합니다.

정약용과 아리스토텔레스는 모두 덕이라고 하는 것은 타고나는 것이 아니라고 보았습니다. 정약용은 성리학의 성선설을 거부하였습니다. 인간은 선을 가지고 태어나는 것이 아니라 선을 좋아할 가능성을 가지고 태어난다고 보았습니다. 사슴은 들을 좋아하고 꿩은 산을 좋아하고 벼는 물을 좋아하는 것이 그들의 기호입니다. 이렇게 볼 때 인간의 기호는 선을 좋아한다는 것입니다. 이 좋아하는 성향에 따라 선을 실천하다 보면 뿌듯함을 느끼고 거기에서 덕이 만들어진다는 것이 정약용의 생각입니다.

아리스토텔레스가 중요시한 덕목은 중용입니다. 용기, 절약, 친절, 긍지 이러한 덕목들이 중용입니다. 그런데 이 덕목들은 타고나는 것이 아니라 끊임없는 실천을 통하여 만들어집니다. 그래서 중용의 습관화를 강조합니다. "한 마리의 제비가 왔다고 봄이 오는 것이 아니며, 하루의 실천으로 행복해지는 것이 아니다." 아리스토텔레스의 말입니다. 한 번 용기 있게 행동했다고 해서 용기 있는 사람이 되는 게 아니라는 거죠. 끊임없는 실천을 통해 덕을 쌓아간다는 측면에서 정약용과 아리스토텔레스는 통합니다.

다음은 지행합일설을 주장한 사상가입니다. 동양에서는 왕양명이 지행합일을 주장하였습니다. 성리학의 선지후행^{先知後行} 즉, 먼저 안 다음 행동한다는 것에 반대하였습니다. 지식이 중요한 것이 아니라 마음이 중요하다는 왕양명의 생각은 결국, 지와 행은 합치된다는 결론에 이릅니다. '굽은 소나무가 선산을 지킨다'는 말은 다섯 명의 자식 중 초등학교만 나온 둘째 아들이 부모님을 모시고 사는 것처럼 지식이 중요한 것이 아니라 마음이 중요하다는 뜻이지요.

소크라테스는 우리가 악행을 저지르는 이유는 모르기 때문이라고 보았습니다. '제대로 안다면 누가 담배를 피우겠으며, 누가 강물에 폐수를 몰래 버리겠느냐'는 것이 소크라테스의 반문입니다. 모두 담배나 폐수의 폐해를 정확히 모르기 때문에 그러한 행동을 한다는 것이지요. 지행합일에 접근하는 방식은 두 사람이 차이가 나지만 왕양명과 소크라테스의 생각의 합일점은 '지행합일^{知行合一}'입니다.

동양의 묵자와 서양의 토머스 모어, 마르크스 모두 노동을 중요시한 학자들입니다. 묵자는 노동을 인간과 동물을 구별하는 지표라고 하였습니다. 토머스 모어의 《유토피아》에서는 남녀노소 누구나 가리지 않고 생산적 노동에 종사해야 합니다. 마르크스의 핵심이론 중 하나는 노동가치설입니다. 즉, 상품의 가치는 그 상품을 만드는 데 투자한 노동력만큼만 가치를 지닌다는 사상입니다.

맹자와 아리스토텔레스를 비교하면 행위의 축적을 강조한 점에서 일치합니다. 맹자는 옳은 행위의 끊임없는 축적 즉, 집의集義를 강조하였고, 아리스토텔레스 역시 중용의 반복적인 습관화를 강조한 점이 같습니다. 한편, 인간의 의지를 강조한 철학자들로는 아리스토텔레스, 정약용, 칸트, 쇼펜하우어, 사르트르 등이 있습니다. 물론 쇼펜하우어는 의지를 맹목적이라고 하여 부정할 것으로 본 점은 다른 학자들과 차이가 있습니다. 특히 정약용과 사르트르는 인간의 자유의지를 강조한 점에서는 일치합니다.

🖉 저는 윤리와 사상을 가르치면서 자기 교과에 대한 자부심에서는 그 누구에게도 지지 않는다고 생각해왔습니다. '작전에 실패한 지휘관은 용서할 수 있어도, 경계에 실패한 지휘관은 용서할 수 없다'는 말이 있습니다. 군대에서 많이 쓰지요. 이것을 우리 교사들에게 적용해보면 자기 교과에 실패한 교사는 용서할 수 없다고 할 수 있겠죠. 적어도 교사라면 자기 과목에 대한 자부심과 실력이 그 누구에게도 지지 않아야 할 것입니다. 저는 자신을 채찍질하면서 윤리 참고서 3권을 썼는데요. 앞에서 분석한 내용도 그런 차원에서 동서양의 철학자들을 조망하다가 발견한 저만의 비밀 노트입니다. 이러한 비밀 노트로 동영상을 만들어 인터넷에 올리기도 했습니다.

원효,
백성에게 부처로의 길을 열다

한국 사상을 관통하는 흐름은 무엇일까요? 다른 민족에게는 없는 우리만의 그 무엇은 무엇일까요? 그것은 바로 조화입니다. 우리는 단군신화부터 동학의 인내천 사상까지 일관되게 조화를 추구해왔습니다. 하늘에서 내려온 환웅이 땅에서 태어난 웅녀와 결합하여 단군을 낳았다는 단군신화는 완벽한 천지인天地人의 조화입니다. 이러한 조화사상에 또 한 번의 터닝 포인트를 제공한 사람이 원효입니다.

원효는 일찍 어머니를 여의고 할아버지 손에 의해 키워졌습니다. 젊은 시절 원효는 화랑이 되어 늠름한 무관이 되었지요. 원효와 같은 시기에 태어난 사람이 있었으니 한 명은 진여랑이요, 다른 한 명은 요석공주입니다.

기골이 장대하고 외모가 준수한 원효는 단박에 요석공주의 마음을 사로잡았습니다. 전국 화랑 무술대회가 열리고 여기서 우승하는 자는 요석공주와 결혼하는 것이 당시 관습이었습니다. 마지막 결승에서 맞닥뜨린 여랑과 원효! 요석공주는 원효의 우승을 간절히 기도했건만 운명의 여신은 여랑의 손을 들어주었습니다.

뜻대로 안 되는 게 세상의 이치인 법. 요석은 여랑과 영혼 없는 결혼을 하였습니다. 역으로 생각하면 이때 원효가 우승하여 부마^{왕의 사위}가 되었다면 한국 불교사 아니 세계 불교사에 남는 원효대사가 탄생했을까 하는 의문이 들기도 합니다.

운명의 장난이던가! 부마가 된 여랑은 전쟁에 참여했다가 백제군의 칼에 맞아 전사하고 맙니다. 졸지에 과부가 된 요석공주. 원효 또한 삼국통일을 위한 전쟁의 소용돌이 속에서 수많은 죽음, 고녀, 번민에 사로잡힙니다. 사랑과 이별, 여랑의 죽음, 고향 친구의 죽음, 수많은 죽음 죽음들…. 번민하던 원효는 출가를 결심합니다. 그의 나이 32세였지요.

황룡사에 들어가 수도하던 원효는 더 큰 가르침을 배우고자 당나라 유학길에 오릅니다. 의상과 함께 당으로 유학가던 원효는 어느 토굴에서 하룻밤을 묵게 되었지요. 밤중에 목이 말라 어둠 속에서 더듬거리다가 바가지에 물이 있어 달게 마시고는 다시 잠을 청한 원효. 아침에 일어나 보니 바가지의 물은 해골 물이었습니다.

구역질이 나서 구토하던 원효의 머릿속을 띵! 하고 스친 것이 있었습니다. '어제와 오늘 사이 달라진 것은 물이 아니라 나의 마음뿐이구나! 또 무엇을 구하고 어디에 가서 무엇을 배운단 말인가. 신라에 없는 진리가 당에는 있으며 당에 있는 진리가 신라에는 없겠는가?' 큰 깨달음을 얻은 원효는 유학을 포기하고 신라로 돌아왔습니다.

신라로 돌아온 원효는 '누가 내게 자루 없는 도끼를 줄 이 없느냐? 내 하늘을 받칠 기둥을 깎으리라'는 노래를 부르고 다녔다고 합니다. 이를 무열왕이 알아차리고는 요석궁에서 홀로 지내는 공주와 원효를 합방시켜 줍니다. 그리고 꿈같은 사흘 밤의 인연으로 태어난 아들이 설총이지요.

이후 원효는 승복을 벗고 자신을 파계승이라 칭하며 광대처럼 노래

부르고 춤추면서 대중에게 다가갔습니다. 거칠 것이 없다는 뜻의 '무애가無碍歌'를 부르고 다니며, 당시 귀족 중심의 불교를 민중이 함께할 수 있는 불교로 만들었지요.

원효元曉라는 말의 뜻은 첫 새벽입니다. 무명의 대중이 불교에 입문할 수 있도록 길을 연 이가 바로 원효입니다. 원효의 사상은 일심一心 사상입니다. '쪽빛과 남색은 다르지 않은 법이요, 물과 얼음도 하나인 법이니라. 석가모니가 살아계실 때는 그분께서 모든 답을 주셔서 이의를 다는 이가 없었으나, 그분이 돌아가시고 불경만이 남아 있으니 후세 사람들이 서로 각자의 주장을 하는 법인 것이다'.

결국 따지고 보면 같은 내용을 서로 다르게 말하면서 자신이 옳다고 주장하는 우愚를 범하고 있다는 뜻이지요. 원융회통圓融會通, 모든 것은 하나로 통한다는 원효의 화쟁和爭 철학입니다.

세계 불교사엔 3대 지존이 있습니다. 공空 사상으로 대승불교의 큰 길을 열어간 인도의 용수, 중국 불교를 크게 일으킨 천태종의 창시자인 천태지자, 그리고 신라를 불국정토로 만든 원효가 있습니다.

원효는 각종 불경에 달통해 자기 것으로 만들어 번역하며 100여 종 240여 권의 저서를 남겼습니다. 그러나 현재까지 전해 내려오는 것은 22권뿐입니다. 대표적인 저서로《금강삼매경론》,《대승기신론소》,《십문화쟁론》 등이 있습니다.

𝄪 원효 철학의 깊이는 범접하기가 힘들 정도로 깊습니다. "우리나라는 전 국토가 박물관"이라는 유홍준 선생의 말처럼 우리는 아이들을 데리고 수학여행을 다닐 때 항상 사찰을 코스에 집어넣습니다. 그런데 아이들이 사찰을 보는 것은 그야말로 수박 겉핥기식이지요. 이럴 때 선생님이 불교나 사찰에 관한 사전 지식을

가지고 아이들에게 설명해주면 아이들은 엄청 좋아합니다. 의미도 있고요. 초보 교사 시절 저는 이런 것들에 문외한이었는데요. 선배 교사 중 불교에 해박한 지식을 가지신 분이 많았습니다. 특히 국어 선생님 중에 많았습니다. 우리 선생님들이 조금만 더 관심을 가지면 아이들에게 더 많은 것을 줄 수 있고, 그럴수록 선생님은 존경받는 교사가 되어가겠지요?

이성의 힘은
저절로 얻어지지 않는다

유대인으로 태어나 유대교를 버린 사람.

유대교를 믿지 않아 유대인 사회에서 파문당하여 평생을 떠돌이 신세로 산 사람.

철학 교수직 제의를 받았지만 거절하고 오직 자신의 학문연구에만 몰두한 사람.

러셀이 존경심에 대한 표시로 그의 초상화를 갖고 다닐 정도로 존경받는 사람.

철학자의 길을 가려면 스피노자의 삶을 본받아야 한다고 헤겔이 말한 사람.

스승의 딸에게 사랑의 감정을 느꼈지만 결혼하지는 못하고 평생 독신으로 산 사람.

연구할 수 있는 거액의 기부 제의도 있었지만 모두 거절하고 평생 렌즈 깎는 일을 하면서 산 사람.

오랫동안 하숙생활을 했기 때문에 '다락방의 합리론자'라고 불리는 사람.

이 세상의 모든 것이 신이라는 범신론을 주장하여 '신에 취한 사람'

이라고 불리던 사람.

완벽한 이성으로 완벽한 우주를 완벽하게 이해한다면 해탈의 경지에 이를 수 있다고 주장한 사람. 그래서 "내일 지구의 종말이 온다고 할지라도 나는 오늘 한 그루의 사과나무를 심겠다"고 주장한 사람.

누구인지 모르지만 참 고독했던 삶을 살아간 사람 같습니다.

이 사람은 바로 네덜란드 암스테르담 출신의 철학자 스피노자입니다. 스피노자는 자신의 올곧은 철학을 지키기 위해 모든 것을 던져버린 사람입니다. 스피노자는 부유한 유대인 가정에서 태어나 유복한 어린 시절을 보냈습니다. 그렇게 성장하던 스피노자는 고등학생 나이쯤 되면서부터 유대교의 유일신 사상에 심각한 회의를 품게 됩니다.

'이 세상이 절대자인 창조주가 만든 것이 사실일까? 거대한 기계와 같은 이 우주는 신이 창조한 것이 아니라 각각의 요소들이 마치 신처럼 완벽히 기능하기 때문에 돌아가는 것은 아닐까? 그렇다면 이 세상의 모든 것이 신적인 요소를 가지고 있는 것이 아니던가?' 이른바 유일신 사상을 거부하는 범신론입니다.

유대인 사회에 비상이 걸렸습니다. 총명한 스피노자를 자신들의 공동체를 이끌 지도자로 키울 생각이었는데 이 녀석이 자꾸 딴생각을 하는 것입니다. 랍비들은 스피노자를 달래고 회유하고 심지어는 협박까지 하면서 스피노자의 생각을 돌리려고 무진장 애를 썼습니다. 하지만 스피노자의 신념은 이미 정해져 있었습니다. 스피노자는 속으로 '언제든지 날 내치시오' 하고 외쳤습니다. 결국 참다못한 유대인들은 그를 파문합니다.

"천사들의 결의와 성인의 판결에 따라 스피노자를 저주하고 제명하여 영원히 추방한다. 잠잘 때나 깨어있을 때나 저주받으라. 나갈 때도 들어올 때도 저주받을 것이다. 주께서는 그를 용서 마옵시고 분노가 이 자를 향해 불타게 하소서! 어느 누구도 그와 교제하지 말 것이며 그와 한 지붕에서 살아서도 안 되며 그의 가까이에 가서도 안 되고 그가 쓴 책을 봐서도 안 된다."

유대인 사회에서 추방당한 스피노자는 이때부터 고독, 청빈, 은둔, 도피의 삶을 살아갑니다. 먹고는 살아야 하니 간간이 안경 렌즈를 깎아가면서 골방에서 깊이 사색하고 또 사색했습니다. 끊임없이 몰두하는 '다락방의 합리론자'.

그의 사색의 출발점은 일상의 허무함입니다.

"나는 어떻게 존재하는가?", "이 세상을 어떻게 인식해야 할까?", "어떤 방식으로 살아갈 것인가?"

인간은 누구나 삶에의 욕구 즉, 삶에의 힘인 '코나투스'를 가지고 있습니다. 이것을 통해 톱니바퀴처럼 돌아가는 거대한 우주를 완벽히 이해한다면 마음에 평온이 오고 그것이 바로 행복한 삶이지요.

코나투스는 누구에게나 주어진 자연권입니다. 그러므로 기계처럼 돌아가는 이 우주를 똑바로 바라봐야만 합니다. '피하지 말고, 똑바로 직시하라! 그래야 너는 내일 지구의 종말이 온다고 할지라도 오늘 한 그루의 사과나무를 심을 수 있다.'

스피노자가 살았던 17세기는 아직도 신이 지배하는 세상이었습니다. 따라서 모든 것이 신이라는 그의 범신론은 바티칸 교황청에서 보면 위험한 사상 1순위였죠. 광신도들의 살해 위협 속에 스피노자는 익명으로 책을 출판했습니다. 그러나 사람들은 그것이 스피노자의 책이라는 것을 알아차렸지요.

계속되는 비난과 악평 속에 스피노자는 역작 《에티카》를 출판하지 못하고 숨을 거두었습니다. 44세.

《에티카》는 스피노자 사후 그의 친구들에 의해 출판되었습니다. 그러나 스피노자의 모든 연구 업적은 그의 사후 100년 동안 사장死藏되어 있었지요. 그만큼 중세의 장막은 오랫동안 위력을 떨쳤습니다.

시대를 앞서간 선지자先知者 스피노자. 근대는 인간이라는 존재가 전면에 등장하는 시기입니다. 그 인간이라는 존재, 인간이 가진 이성에 무한한 신뢰를 보냈던 해탈의 윤리학자 스피노자를 21세기를 사는 우리는 존경합니다.

📝 자신이 가진 모든 것을 버리고 오로지 학문의 길을 간 스피노자를 보면 현재의 나 자신이 초라해지기도 합니다. 그런 점에서 아마도 교사라는 직업은 최소한의 학문 연마를 요구하는지도 모르겠습니다. 대학원을 마치고 처음 교사로 발령받아서 중학교 1학년을 가르칠 때 소크라테스, 플라톤을 떠들다가 아이들과 소통이 안 되어 저 스스로 울컥한 적도 있습니다. 그러나 그 당시 아이들은 저의 지식을 알아듣지는 못했을지라도 제 가르침에 담긴 열정에서 많은 것을 배웠을 것이라고 위안 삼아 봅니다.

자신의 철학을
철저히 실천한 칸트

"생각하는 것이 거듭될수록, 또 길어질수록 점점 새롭고 더욱 세찬 감탄과 숭배와 존경심으로 마음을 채우는 것이 두 가지 있는데, 하나는 내 위에서 별이 총총히 빛나는 밤하늘이고, 다른 하나는 내 마음속의 도덕률입니다."

저 광활한 우주 수많은 별은 어떤 심오한 운행 질서를 가지고 있어 서로 부딪치지 않을까? 또, 인간의 마음속에는 어떻게 양심이라는 것이 존재할까? 칸트의 깨달음입니다.

칸트는 독일 쾨니히스베르크에서 태어나 평생 고향을 떠나지 않았습니다. 칸트의 성격이 배어나는 대목입니다. 칸트 하면 우리는 시계처럼 완벽한 그의 일과를 떠올립니다. 5시에 하인이 "주인님 일어나실 시간입니다."라고 하면 그때부터 기상하여 완벽한 스케줄에 따라 일과를 살아갔습니다. 3시 반이면 어김없이 산책하여 마을 사람들은 칸트를 보고 시계를 맞추곤 하였습니다. 딱 한 번 루소의 《에밀》을 읽다가 너무 심취하여 산책 시간을 놓친 적이 있을 뿐입니다.

칸트는 일생도 그렇게 살았습니다. 독신으로 80세까지 살았는데, 노년을 대비하여 젊었을 때부터 저축을 생활화하였습니다. 시간강사를 하면서 월급을 받으면 일단 50%는 먼저 저금한 다음, 나머지 돈으로 생활하였습니다. 칸트는 쾨니히스베르크 대학을 나와 잠시 가정교사를 하다가 쾨니히스베르크 대학에서 시간강사 생활을 하였습니다.

그의 나이 46세가 되어서야 철학과 정교수가 되었습니다. 중간에 문학과 교수로 임용 요청이 들어왔으나 거절했습니다. 62세에는 쾨니히스베르크 대학 총장에까지 선출되는 영예를 누렸지요. 일생도 완벽한 로드맵에 따라 살아갔습니다. 이러한 생활은 그의 도덕철학에도 그대로 적용되었습니다.

칸트는 자신의 감정에 의해 선을 베푸는 것은 옳지 않다고 보았습니다. 흄이 제시한 도덕의 원천은 감정에 반대하였습니다. 흄이 제시한 것이 공감이라는 개념인데, 우리가 옳다고 하는 것은 '아! 그것은 좋은 것이야!'라고 함께 느끼는 감정이 도덕의 기준이 된다는 이야기입니다. 칸트는 흄의 이 사회적 시인설에 대하여 11년간 고민했습니다. '과연 사회적으로 승인을 받는다고 해서 그것이 진정 도덕이 될 수 있단 말인가?'

오랜 숙고 끝에 칸트는 도덕은 법칙을 따라야 한다는 결론을 내렸습니다. 시간과 공간을 초월하여 영원불멸의 도덕법칙을 따라 행동할 때 그것이 곧 선善이라고 보았습니다. 그 도덕법칙이 바로 정언명령입니다.

첫 번째 정언명령은 "네 의지의 격률이 언제나 동시에 보편적 입법의 원리가 될 수 있도록 행위하라."입니다. 우리의 행동이 언제나 옳은 보편성을 따라야 한다는 것입니다. 여기서 다르고 저기서 다르고 이때 다르고 저때 다르면 그것은 도덕이 아니라는 거죠. 두 번째 정언명령은 "너 자신과 다른 모든 사람의 인격을 언제나 동시에 목적으로 대우하도록 행위하라."입니다. 이른바 인간 존엄성에 대한 명령입니다. '인간을 수단시하지 말아라!' 칸트의 명령입니다.

칸트를 공부하다 보면 어려운 개념이 두 가지 나옵니다. 하나는 칸트가 인간을 이중적 존재로 보았다는 대목이고, 다른 하나는 칸트는 인간이 가진 자연적 경향성에 반대하였다는 대목입니다.

칸트가 인간을 이중적 존재로 보았다는 것은 인간의 마음속에서 충동과 도덕이 투쟁한다는 말입니다. 즉, 옳고 그른 일을 하는 것에 대해서 인간의 마음속에서는 충동과 도덕심이 투쟁을 하여, 도덕이 이기면 선한 행동을 하고 충동이 이기면 그른 일을 하게 된다는 점에서 인간을 이중적 존재라고 본 것입니다.

또 하나 자연적 경향성이라는 개념입니다. 상인이 값을 제대로 받고 물건을 파는 것은 좋은 일입니다. 그러나 상인도 인간인지라 상인의 마음속에 물건값을 제대로 받아 신용을 쌓아서 장사를 더 잘하려는 마음이 있는데 이것이 바로 인간이 가진 자연적 경향성입니다. 칸트는 이렇게 행동하는 것이 좋은 행위이긴 하지만 도덕적인 것은 아니라는 것입니다. 왜냐하면 상인의 정직한 행동은 자신의 이익을 증진하려는 욕구에서 비롯된 것이기 때문입니다. 도덕은 오직 의무나 선의지에 따른 순수한 행위여야 한다는 것입니다.

부드러운 화술, 유머, 재치, 농담, 진리에의 겸손함. 칸트의 제자 요한 헤르더가 칸트를 묘사한 단어들입니다. 157cm의 작은 체구의 칸트였지만 여자들에게도 인기가 많았습니다. 물론 인기와 결혼은 별개이지만요. 80세까지 독신으로 산 칸트는 죽기 전 '그것으로 좋다Es ist gut'라는 말을 남기고 조용히 눈을 감았습니다.

🖉 칸트 같은 교사! 어쩌면 아이들 기억에 가장 오래 남는 교사일 것입니다. 우리는 어쩌면 아이들의 흥에 매달려가는 교사일지도 모릅니다. 그러나 교사는 아

이들이 흐트러질 때 나침판과 같은 역할을 해야 합니다. 제가 고등학교 때 행군 겸 소풍을 가서 아이들이 춤추고 놀 때 아이들을 맡는 선생님이 계셨는데 그때의 느낌은 우리가 너무 막 나가지 않도록 선을 지켜주신다는 느낌이었죠. 우리 교사들은 학생들이 좌충우돌할 때 한 발짝 떨어져서 정도를 지켜주는 표준이 되어야 할 거예요. 저는 청원고에 근무할 때 5시에 일어나 한 시간 자전거를 타고 학교에 가서 제 자동차를 몰고 학교 근처에 있는 헬스장에 가서 한 시간 반 정도 운동하고 출근했는데요. 아이들이 제가 이렇게 부지런하게 사는 모습을 보면서 "선생님은 몇 시에 자고 몇 시에 일어나세요?"라고 물어보더군요. 녀석들이 보기엔 저처럼 부지런하게 사는 게 힘들 것 같다고 느꼈나 봅니다. 그 당시 우리 아이들은 기숙사에서 생활하면서 6시에 기상해 마라톤을 뛰었는데 저도 같이 뛰기도 했습니다.

절망은 키르케고르를
어떻게 구원했나

"더럽다!"

청년 시절 창녀촌에 다녀온 키르케고르 입에서 나온 말입니다. 젊은 날의 키르케고르는 끝도 없이 방황했습니다. 어차피 죽을 목숨이라고 생각했으니까요. 그러던 그의 앞에 운명의 한 여인이 나타났습니다.

'레기네 올젠'

눈부시다. 황홀하다. 이루 말로 표현할 수 없는 그 무언가가 가슴속에서 솟구쳐 올랐습니다. 키르케고르는 올젠을 보는 순간 완전히 빠져들었습니다. 사랑에 빠진 사람에게 무엇이 보이겠습니까? 오로지 매달리는 수밖에요. 키르케고르는 올젠에게 사랑을 받아달라고 집착했습니다.

진실은 통합니다. 사랑에 있어서 법칙입니다. 키르케고르의 진실한 마음을 올젠이 받아들였습니다. 키르케고르는 이제 여한이 없었습니다. 둘은 약혼도 하고, 이제 아름다운 인생을 설계하며 행복하게 살아가기만 하면 됩니다. 그런데 그 순간! 키르케고르는 절망했습니다. 정신을 차려보니 자신이 젊은 날 했던 수치스러운 행동들이 떠올랐습니다. "나같이 더러운 놈이 저 아리따운 올젠을 행복하게 해줄 수 있을까?" 끊임없는 갈등과 번민의 나날을 보낸 키르케고르는 어떻게 했을까요?

키르케고르는 세 번째 부인의 막내아들로 태어났습니다. 막내이기 때문에 아버지는 그를 무척이나 귀여워했고 어린 시절부터 키르케고르에게 많은 이야기를 들려주었습니다. 그렇게 성장하여 고등학생쯤 된 키르케고르에게 아버지는 이제 그가 자신을 이해해줄 것으로 판단하여 두 가지를 고백합니다. 하나는 자신이 젊은 시절 목동을 했는데 너무 춥고 배고파서 하나님을 저주한 적이 있다는 사실과 다른 하나는 키르케고르의 어머니가 아버지 집 하녀였다는 사실입니다.

키르케고르는 망치로 머리를 얻어맞은 듯한 충격을 받았습니다. 그리고 집에 일어나는 불행들-어머니도 죽고, 형제자매도 죽고-이 모두 아버지가 죄를 지었기 때문이라고 생각했습니다. 이때부터 키르케고르는 철저히 방탕하게 살았습니다. 죄의식에 사로잡힌 키르케고르는 인생을 보는 시각이 달라졌지요. 어차피 나도 죽을 목숨이니까 막살아도 된다는 식이었습니다. 그렇게 살던 키르케고르 앞에 올젠이 나타난 것입니다.

키르케고르는 파혼을 선언했습니다. 나 같은 쓰레기가 어여쁜 올젠을 행복하게 해줄 수 없다고 판단했습니다. 결혼으로 그녀를 구속할 순 없다고, 정말 사랑하기 때문에 괴롭지만 떠나보낸다고 말이지요. 올젠이 매달렸지만 키르케고르는 야멸차게 뿌리쳤습니다. 그리고 뒤돌아서서 한없이 울었습니다.

운명의 장난이던가! 키르케고르와 헤어진 올젠은 1년 후 키르케고르의 친구와 결혼했습니다. 키르케고르는 분노했습니다. 그러나 이미 떠난 여인인 걸 어쩌겠습니까. 그 후 키르케고르는 평생 올젠을 잊지 않았습니다. 자신의 모든 삶을 올젠만 생각하며 살았습니다.

키르케고르의 철학은 실존입니다. 실존주의의 선구자로 불리지요. 니체가 '신은 죽었다'를 외치며 미쳐갈 때 실존주의는 전 유럽에 퍼졌습니다. 이른바 실존주의 르네상스 시기입니다. 이때 사람들의 머릿속에 스친 것이 있었습니다. 약 50년 전에 덴마크에서 이와 비슷한 삶과 철학을 이야기하던 사람이 있지 않았나? 그렇게 과거의 문헌들을 뒤져보니 키르케고르의 실존주의가 있었습니다.

'절망'은 키르케고르 철학의 출발점입니다. 키르케고르는 이 절망을 '죽음에 이르는 병'이라고 보았지요. 절망은 실망과 다릅니다. 실망이야 약간의 아쉬움이지만 절망은 정말로 아무런 희망도 없이 자신의 한계와 무가치함을 느끼는 상태입니다. 우리에게도 이런 순간이 찾아옵니다. 그러나 사람은 절망하는 순간 새로운 기회를 맞기도 합니다. 바로 자신의 실존을 찾을 기회 말입니다. 키르케고르가 올젠의 사랑을 얻고 집에 돌아와 자신의 처지를 생각했을 때 그는 절망했습니다.

키르케고르는 실존을 찾는 방법을 세 가지 단계로 설명했습니다. 첫째는 미적 단계입니다. 이 단계는 쾌락을 추구하는 단계입니다. 그러나 쾌락은 영원할 수 없지요. 쾌락의 패러독스입니다. 인간의 욕구는 끝이 없으므로 쾌락은 아무리 추구해도 만족할 수 없습니다. 만족이 없어 결국 고통스럽습니다. 쾌락을 추구할수록 고통스러운 것, 바로 이것이 쾌락의 역설입니다.

이제 우리는 실존을 찾기 위해 미적 단계에서 윤리적 단계로 옮겨갑니다. 윤리적이고 도덕적인 삶을 살면서 우리는 실존을 찾으려고 합니다. 그러나 우리는 완벽한 도덕적 삶을 살 수는 없습니다. 인간이기 때문에 약간의 실수도 하는데 이때 우리는 마음속에 있는 윤리적 감수성 때문에 괴로워합니다. 그래서 결국 이 윤리적 단계에서 우리는 자신의 주체적인 삶을 찾을 수 없습니다.

결국 인간은 신 앞에 단독자로 서서 '진정한 나의 모습은 무엇인가?'에 대하여 생각해보는 종교적 단계로 나아갈 수밖에 없습니다. 신 앞에 홀로 섰을 때 비로소 진정한 자신의 모습을 볼 수 있습니다. 모든 것을 버리고 스스로 고뇌와 사유 속에서 진정한 나^{실존}를 찾아가는 것입니다.

실존은 왜 중요할까요? 분위기에 휩쓸리는 삶은 자신의 삶이 아닙니다. 주체적이지 못한 삶은 행복할 수 없지요. 우리는 살다 보면 절망에 빠질 때도 있습니다. 이때 사람들이 잘못 선택하는 것이 자살입니다. 그러나 자살은 자신의 정신과 영혼에 대한 죄를 짓는 것이며, 자신과 관계를 맺는 다른 사람들에 대한 폭력이며, 신에 대한 반역입니다. 절망의 그 순간이 자신의 본 모습을 찾을 새로운 기회라는 점을 잊지 말아야겠습니다. 세상의 모든 이치는 걸림돌을 디딤돌로 만들어가는 과정에서 새로운 희망이 싹튼다는 것을 잊지 말아야겠습니다.

🖉 대학원 시절 키르케고르에 관한 원서를 강독하면서 그의 사상을 접했지만 도대체 무슨 말을 하는지 알지 못했습니다. 발령을 받고 초보 교사 시절 윤리 시간에 키르케고르를 가르치면서도 거의 껍데기만 가르쳤던 것 같습니다. 그때는 키르케고르에 대하여 잘 알지 못했기 때문에 선배 교사들의 글을 보고 나름대로 정리해서 가르친 기억이 있습니다. 가르치면서 배운다고 했던가요? 한 해 한 해 윤리와 사상을 가르치면서 철학자들의 농익은 사상을 제대로 이해할 수 있게 되었습니다. 윤리와 사상을 15년쯤 가르치고 나니까 이제 아이들에게 철학자들이 한 말의 의미를 제대로 가르칠 수 있었던 것 같습니다.

삶의
진짜를 찾아서

종이에다 원을 그려보세요. 동전을 대고 그리든 컴퍼스로 그리든 아주 동그랗게 그려보세요. 그러나 지구상 어느 누구도 완벽한 원을 그린 이는 없습니다. 몇십만 배의 현미경으로 관찰하면 선이 끊어진 곳이 많을 테니까요.

'중심으로부터 똑같은 거리로 떨어진 점들의 집합'

이러한 원은 우리의 현실에는 존재하지 않습니다. 우리의 생각 속에 있을 뿐입니다. 우리는 생각 속에 있는 원의 원형을 빌려서 사용할 뿐입니다. 이 원의 원형이 바로 플라톤이 말한 이데아입니다. 플라톤은 우주를 이원론적으로 보았습니다. 현상계와 이데아계가 있는데, 현상계는 불완전하고 이데아계는 완전합니다. 현상계는 이데아계의 모방일 뿐이니까요. 우리 눈앞에 보이는 수많은 장미꽃은 이데아계에 있는 장미꽃의 원형을 빌려 피어났습니다.

"서양의 2000년 철학은 모두 플라톤 철학의 각주에 불과하다."

영국 현대 철학자 화이트 헤드의 말입니다.

플라톤은 젊은 날, 소크라테스를 보고 완전히 빠져들었습니다. 9년 동안 소크라테스를 졸졸 따라다녔지요. 플라톤의 수많은 대화편의 주인공은 모두 소크라테스입니다. 이 시절 소크라테스가 소피스트들과 나눈 대화를 플라톤이 모두 기록한 것으로, 총 25편에 이릅니다. 대표적인 대화편으로는 소크라테스의 변론을 다룬 〈Apologia〉, 소크라테스의 탈옥을 권유하는 내용이 나오는 〈Kriton〉, 영혼의 불멸을 다룬 〈Phaedon〉, 사랑의 문제를 다룬 〈Symposium〉, 우주에 관한 이야기인 〈Timaios〉 등이 있습니다.

서양 철학은 이 플라톤의 대화편으로 시작하고 그 속에 철학의 모든 문제가 담겨 있습니다. 그래서 시인 에머슨은 '철학은 플라톤이고 플라톤은 철학'이라고 했습니다. 플라톤 하면 그의 주저인 《국가론》을 빼놓을 수 없습니다. 플라톤의 유언장이라고 할 만한 것인데 그 속에는 철학, 정치학, 교육학 등 장대한 내용이 모두 담겨 있습니다. 공산주의도 담겨 있지요. 국가론의 주된 내용은 정의로운 사회 건설에 있습니다. 정의로운 사회는 정의로운 인간과 관련이 있고요.

인간의 육체는 머리, 가슴, 팔다리의 세 부분으로 이루어져 있습니다. 그러면 영혼은 어떠할까요? 인간의 영혼도 이성, 기개, 정욕 세 부분으로 이루어져 있습니다. 그러면 사회는 어떠해야 할까요? 사회도 통치자, 수호자, 생산자로 이루어져 각 계층이 소임을 잘하면 그 사회가 바로 정의로운 사회라는 것이 플라톤의 주장입니다.

머리에 필요한 덕목은 무엇일까요? 그것은 바로 지혜입니다. 가슴은? 용기를 가져야겠고 나머지 부분은 절제라는 덕목이 필요합니다. 이를 영혼에 그대로 적용하면 이성은 지혜, 기개는 용기, 정욕은 절제가 필요하고 이를 잘 갖춘 사람이 정의로운 인간입니다. 이를 다시 사회에 그대로 적용한 것이 플라톤의 정의론입니다. 통치자는 지혜로 나라를 다스리고, 수호자는 용기를 가지고 나라를 지키며, 생산자는 절제가 필요한 것입니다. 지혜, 용기, 절제, 정의 플라톤의 4주덕입니다.

플라톤이 구상한 정의로운 사회의 핵심은 철인 통치에 있습니다. 지혜를 갖춘 사람, 즉 철학자가 통치해야 한다는 것입니다. 소크라테스를 지독히도 존경한 플라톤은 소크라테스가 말도 안 되는 죄목으로 법정에 서고, 그 법정에서 사형을 받고 형장의 이슬로 사라지는 광경에 분노하고 또 분노했을 것입니다.

소크라테스의 죄목은 두 가지였습니다. 하나는 청년 선동죄, 다른 하나는 신성 모독죄입니다. 소크라테스는 소피스트에게 돈을 내고 잔뜩 배우고 나왔다고 떠벌리는 청년들의 토론에 슬쩍 끼어듭니다. 그리고 그 청년들을 박살 내버리죠. '네가 아는 게 뭔데? 너 아는 거 하나도 없네?' 조롱에 가깝습니다. 청년들은 멘붕이고, 소피스트들은 난리가 났습니다. 자신들의 밥벌이도 밥벌이지만 아테네의 헤게모니가 소크라테스에게 넘어갈 지경입니다.

소피스트들은 신을 등에 업고 소크라테스에게 딴지를 겁니다. "야, 인간이 어떻게 진리를 알 수 있냐? 진리란 그때그때 달라요. 당신 소크라테스가 인간의 이성으로 진리를 파악할 수 있다고 한 건 바로 신을 모독한 거야! 진리는 신만이 알 수 있는 영역인데 감히 인간인 주제에? 당신을 고발합니다!"

법정에 선 소크라테스, 자신 있습니다. 배심원 500명 앞에서 지구 최고의 자기 변론을 합니다. 그리고 사형이냐 무죄냐를 놓고 투표가 시작되었습니다. 결과는 6대 4로 사형이 우세하게 나왔습니다. 사형 확정! 플라톤이 봤을 때 이건 우매한 대중을 데리고 장난친 것밖에 안 됩니다. 그러나 악법도 법, 소크라테스는 독미나리즙을 마시고 저승으로 갑니다.

플라톤은 심한 배신감에 사로잡혔습니다. '아테네를 떠나자. 더 이상 미련도 없고, 스승님의 향기가 배어 있는 아테네에 괴로워서 있을 수가 없다.' 그렇게 지중해 유랑을 하며 자신의 철학을 정치에 반영할 국가를 찾습니다. 그리고 시칠리아 섬의 시라쿠사라는 작은 도시국가를 찾아내지요. 시라쿠사의 참주는 플라톤 철학에 상당히 호의적이었습니다. 그러나 역시 그 국가에도 기득권 세력은 있는 법. 플라톤을 국가반역죄로 몰아 노예로 팔아먹습니다.

노예 시장에 나온 플라톤. 그는 옛날의 플라톤이 아닙니다. 초췌한 몰골에 꺾인 삶! 그렇게 한 인생이 끝나려는 순간, 그 앞에 소크라테스의 제자인 아니케리스가 나타납니다. 플라톤을 알아본 그는 당장 돈을 내고 플라톤을 사서 자유인 신분으로 만들어줍니다. 천신만고 끝에 플라톤은 다시 아테네로 돌아오지요.

아테네로 돌아온 플라톤은 아카데미아를 설립하고 후학 양성에 힘썼습니다. 동서양의 많은 철학자가 하던 버릇이 이때 생겼을까요? 플라톤 역시 젊은 날의 열정으로 세상을 송두리째 바꿔보려고 했지만, 세상은 단기간에 바뀌지 않으니 이제 그 짐을 후세에게 남기고 떠나고자 하는 현자들의 지혜를 따라갑니다.

플라톤을 말하면서 '동굴의 비유'를 빼놓을 수 없습니다. 동굴에 죄인들이 묶여 있습니다. 고개를 좌우로 돌리지도 못한 채 오로지 앞의 벽면만을 바라보지요. 이 죄수들은 벽면에 비친 자신의 그림자만 평생 보고 살기 때문에 그것이 진짜라고 믿습니다. 이때 한 죄수가 가까스로 쇠사슬을 풀고 동굴 밖으로 나와 태양을 봅니다. 그 태양이 이데아이고, 동굴 밖으로 나와 태양을 본 사람이 바로 철학자입니다. 동굴 속의 죄수들은 우리고요. 동굴의 비유를 접하다 보면 세상이 무섭습니다. 우리

주위에 수많은 가짜가 판치고 있는데, 그걸 진짜라고 믿고 사는 우리. '어떻게 살아야 할까?' 이 질문에 답을 주는 것이 바로 철학입니다. 그래서 우리는 오늘도 철학을 합니다.

✐ 철학을 한다는 일은 참으로 어렵습니다. 특히나 우리는 수많은 철학자가 쓴 고전을 얼마나 가까이하는지 반문해봅니다. 어느 날 '○○론'으로 끝나는 책을 쭉 정리해보았습니다. 엄청 많더군요. 플라톤의 《국가론》부터 시작해 《자본론》, 《국부론》, 《인구론》, 《사회계약론》, 《자유론》, 《군주론》 등. 아마도 누군가 마음먹고 이런 책들을 정독한다면 일련의 경지에 오를 것이라고 확신합니다. 이런 의미에서 아이들에게 책 읽는 습관을 들이는 독서교육은 정말 중요합니다. 고전을 읽는다는 것은 당시 지구에서 가장 뛰어난 사람과 대화를 나누는 일이죠.

2010년 대한민국에서는 희한한 일이 벌어졌습니다. 베스트셀러에 철학책과 경제학책이 번갈아 올라간 거예요. 바로 마이클 샌델의 《정의란 무엇인가》와 장하준 교수의 《그들이 말하지 않는 23가지》라는 책입니다. 그해 여름 저는 서울대학교에서 입학사정관 연수를 받았는데요. 연수를 받고 2학기 때부터 곧바로 입학사정관 전형에 필요한 프로그램을 운영했습니다. 바로 '사제동행 독서논술'이라는 프로그램인데요. 선생님이 책 한 권을 지정하면 같이 읽고 싶은 학생들이 신청하고, 한 달 동안 각자 책을 읽고 한 달 후에 책 속에서 논술 문제를 내 시험을 보고 상을 주는 프로그램입니다. 이 프로그램에서 제일 먼저 선정한 책은 당연히 《정의란 무엇인가》와 《그들이 말하지 않는 23가지》였습니다. 이러한 프로그램을 지속해서 운영하면 아이들의 학생부 독서 활동 난에 적어줄 내용이 풍부해집니다. 아이들과 함께 고전을 읽고 토론하는 선생님. 멋지지 않나요?

죽음을 직시해야
삶도 당당해진다

먼 훗날 누군가가 우주선을 타고 시리우스라는 별로 간다면 그가 별에 다녀온 사이 우리는 모두 죽어 있을 것입니다. 죽음이라는 것이 사랑하는 사람과 헤어짐이라면 우주선을 타고 떠나보내는 순간이 영원한 이별, 곧 죽음입니다. 내가 우주에 다녀오면 사랑하는 아내가 죽어 있을 것이고, 결혼하여 우주로 신혼여행을 하고 오면 사랑하는 부모님이 돌아가셨을 것입니다. 미래에 일어날 일을 예견해보았지만, 이때쯤이면 우리 인류는 죽음이라는 문제에 초연해질까요?

사실, 우리는 죽음이라는 문제를 회피해왔습니다. 우리의 고민은 삶속에 한정되어 있죠. '개똥밭에 굴러도 이승이 좋다'는 속담처럼 우리는 죽음을 애써 외면합니다. 공자도 "삶도 모르는데 어찌 죽음을 알리오?"라고 하였습니다. 우리의 죽음에 대한 거부반응은 4자에 나타납니다. 죽을 사死 자와 발음이 비슷하다 하여 우리는 4층을 안 쓰고 F층이라고 합니다. 피하고픈 죽음 때문에 종교가 생겨났고, 죽음의 문제에 직면하기 위해 철학이 생겨났지요.

어떻게 살 것인가의 물음은 어떻게 죽을 것인가의 물음과 같습니다. 유시민이 《어떻게 살 것인가》라는 책에서 하고자 한 말입니다. 죽음을 직시하는 순간 우리의 삶은 의미 있게 다가옵니다. 그 유한성의 인식이 오늘의 삶을 더욱 진지하게 만들지요. 그래서 하이데거는 죽음을 직시함으로써 자신의 실존을 찾을 수 있다고 설파하였습니다. 죽음은 우리가 맹신하는 돈, 명예, 권력, 국가 등 피상의 모든 가치가 아무것도 아니게 되어버리는 '무無화'입니다. 이때 우리는 비로소 '있는 그대로'의 자신과 마주할 수 있습니다.

"죽음을 제대로 인식한다면 인생을 어떻게 살아야 하는지에 대한 행복한 고민을 할 수 있다."

예일대에서 20년째 죽음에 대하여 강의하는 셸리 케이건의 말입니다. 강의할 때 교탁에 앉아서 강의해 '교탁 위의 철학자'라고도 불리는 그는《죽음이란 무엇인가》라는 책을 펴냈습니다. 국내에서 수십만의 독자가 그의 책을 읽었습니다.

죽음은 심장과 폐가 멈추었을 때를 말합니다. 이른바 심폐사입니다. 그러나 뇌가 죽으면 인간은 죽습니다. 뇌사입니다. 뇌사를 죽음으로 인정할 것인가 말 것인가의 문제는 오랜 논쟁거리지요. 뇌사를 죽음으로 인정해야 장기이식을 하여 많은 사람이 혜택을 볼 수 있다는 것이 공리주의자들의 주장입니다. 그러나 생명 그 자체가 중요하므로 인간의 잣대로 죽음을 정하는 것은 인간을 수단시하는 것이라고 반대합니다. 칸트의 주장입니다.

죽음에 관한 용어도 상황에 따라 다르게 쓰입니다. 임금이 죽으면 승하, 대통령이 죽으면 서거라고 합니다. 불교에서 스님이 돌아가시면 선종, 입적, 또는 열반에 드셨다고 합니다. 나라를 위해 죽으면 순국, 포교를 하다 죽으면 순교, 자신의 직에 충실하다 죽으면 순직이라고 합니다. 임종을 지킨다고 하고, 별세, 타계하셨다고 합니다.

노자는 죽음에 대하여 백성들이 죽음을 중히 여기도록 정치를 해야한다고 하였습니다. "백성들이 죽는 것을 중하게 여겨 이사를 하게 하지 말라"고 하였습니다. 이사를 하게 하지 말라는 말은 문명의 이기를 거부하고 자연을 벗 삼아 무위자연의 삶을 살라는 것입니다.

춘추전국 시대 인간의 생명은 한낱 소비물에 불과했습니다. 한 예로 전국 시대 장평대전에서 이긴 진나라의 백기라는 장수는 40만 명의 포로를 먹여 살리기 어렵다는 이유로 그 자리에 자신이 묻힐 구덩이를 파게 한 후 모두 생매장했습니다. 사마천의 《사기》에 나온 이 내용을 확인하기 위해 2007년 발굴했더니, 정말 경악스런 현장이 눈앞에 나타났습니다. 인간 존재의 죽음이 개만도 못한 현장이었지요.

서양 헬레니즘 시대의 대표적인 두 학파인 스토아와 에피쿠로스도 죽음에 관하여 이야기합니다. 에피쿠로스는 죽음을 그 자체의 원자[atom]로 돌아가는 해체라고 하였습니다. "우리가 존재하는 한 죽음은 존재하지 않으며, 죽음이 존재하면 우리는 더 이상 존재하지 않는다"고 하였습니다. 한편 스토아학파는 "죽음이 두려운 것이 아니라 단지 죽음이 두려운 것이라는 생각 자체가 문제다."라고 우리 생각의 중요성, 이성을 강조했습니다.

그리스 3대 비극 작가 중 하나인 소포클레스는 〈오이디푸스 왕〉이란 비극 서사시를 지었습니다. 아기 오이디푸스는 아버지를 죽인다는 신의 계시를 받고 태어났습니다. 이에 왕은 그 아들을 갖다 버리라고 하였고, 누군가 주워다 키웠는데 훗날 청년이 된 오이디푸스가 마차를 타고 가다가 교차로에서 다른 마차와 작은 충돌이 있었습니다. 이때 상대방 마차의 주인을 오이디푸스가 죽이지요. 그 왕이 자신의 친아버지인 줄 모르는 오이디푸스는 왕국을 차지하고 왕비도 차지합니다. 왕비는 다름 아닌 자신의 친어머니. 훗날 이 사실을 알게 된 왕비는 자살하고 오이디푸스는 어머니의 브로치로 자신의 눈을 후벼 팝니다. 오이디푸스의 비극을 보며 소포클레스는 말했습니다.

"인간에게 있어 최선은 이 세상에 태어나지 않는 것이다. 차선은 하루빨리 죽는 것이다."

🖉 우리는 누구나 죽음이라는 말 자체를 싫어합니다. 그러나 죽음을 직시해야 삶의 의미에 올곧게 다가설 수 있지 않을까요? 교사의 길을 걸으면서도 항상 색다른 생각과 창의적인 인도가 아이들에게는 꼭 필요하다고 생각됩니다.

사랑, 행복, 인생, 열정…. 이렇게 한 단어만을 가지고 하는 수업 어떤가요? 이 죽음이란 수업도 그렇게 창안되었습니다. A4 용지 한가운데 동그라미 안에 '죽음'이라고 쓰고, 죽음에 관한 모든 것을 모아보았습니다. 어찌 보면 한 시간 수업에서 아이들의 생각을 자극할 수 있다면 그것이 바로 최고의 수업이 아닐까 생각합니다.

삶이란
더러운 것이다

양식 많은 집은 자식이 귀하고
아들 많은 집엔 굶주림이 있으며,
높은 벼슬아치는 꼭 멍청하고
재주 있는 인재는 재주 펼 길 없다.
완전한 복을 갖춘 집 드물고,
지극한 도는 늘 쇠퇴하기 마련이며,
아비가 절약하면 아들은 방탕하고,
아내가 지혜로우면 남편은 바보이다.
보름달 뜨면 구름 자주 끼고
꽃이 활짝 피면 바람이 불어대지.
세상일이란 모두 이런 거야.
나 홀로 웃는 까닭 아는 이 없을걸.

정약용이 지은 〈독소獨笑, 홀로 웃다〉라는 시입니다. 이렇게 인간 누구나
한 가지씩 걱정거리를 안고 사는 게 우리네 인생입니다. 쇼펜하우어도
우리 인생을 고통이라는 쌀 한 가마니를 안고 산다고 본 철학자입니다.

잔잔한 호수의 나룻배에는 쌀 한 가마니를 얹어주어야 나룻배가 남실거리지 않고 잘 안착합니다. 우리네 인생도 이에 비유할 수 있어요. 누구나 쌀 한 가마니의 고통을 안고 살아갑니다.

"삶이란 욕망과 권태 사이를 오가는 시계추와 같다."

"삶이란 욕망으로 인한 고통에서 벗어날 수 없다."

쇼펜하우어는 평생 무언가를 증오하는 고통을 안고 살았습니다. 그가 싫어하는 것 3가지가 있는데 그중 1순위가 헤겔입니다. 그는 헤겔을 거짓말쟁이라고 불렀습니다. 심지어 자기가 키우는 개의 이름을 헤겔이라고 불렀지요.

쇼펜하우어와 헤겔은 같은 베를린 대학 철학과 교수였습니다. 헤겔이 전 유럽에 명성을 떨친 노교수라면, 쇼펜하우어는 이제 갓 들어온 새내기 교수였지요. 쇼펜하우어가 교수가 되기 전 강의 평가를 받을 때 헤겔이 심사 위원이었는데, 이때부터 둘 간의 논쟁은 시작되었습니다.

'우리네 인생이 어찌 정답을 제시한 대로 살아지는가? 우리에게 장밋빛 미래가 있다고 선전하지 마라.' 헤겔을 향한 쇼펜하우어의 반박입니다. 산이 높으면 골이 깊다는 말처럼 이제 서양 철학사는 이성 중심에서 반이성으로 넘어가는 출발 선상에 서게 됩니다.

그 선두주자가 쇼펜하우어입니다. 이성으로 우리의 인생을 도식화할 수 없는 법, 누구나 각자의 인생을 살아갑니다. 나름대로 고통을 안고 사는 깃이 우리네 인생입니다. 그러한 인생을 직시해야 합니다. 뜬구름 잡는 식의 인생론은 의미가 없습니다. 교수가 된 쇼펜하우어는 헤겔의 거짓말에 속는 대중을 구제해야겠다고 생각했습니다.

쇼펜하우어는 강의 시간표도 헤겔이랑 똑같이 편성했습니다. 그러나 결과는 참담한 실패로 끝났습니다. 수강 신청하는 학생이 없어서 쇼펜하우어의 강의는 폐강되었지요. 반면에 헤겔의 강의는 인산인해, 복도까지 서서 듣는 학생도 많았습니다. '이건 아닌데?' 쇼펜하우어는 대중이 현실을 외면하고 헤겔이 말하는 장밋빛 환상만을 좇고 있다고 생각했습니다. 그는 교수직을 내팽개치고 여행이나 저술 활동에만 전념하며 지냈습니다.

쇼펜하우어의 인생은 출생부터 순조롭지 않았습니다. 쇼펜하우어의 엄마와 아버지는 나이 차이가 17년이나 납니다. 아버지가 38세, 엄마가 21세 일 때 결혼하여 쇼펜하우어를 낳았습니다. 아버지는 거상이고 엄마는 낭만파 여류시인이었습니다. 아마도 이 부부는 가정불화가 잦았던 것으로 추측됩니다. 쇼펜하우어는 어렸을 적부터 철학적인 생각을 많이 한 아이였습니다. 엄마는 이런 쇼펜하우어가 싫었습니다. 인생은 즐기면서 사는 것인데, 삶이란 무엇인가 하고 고민하며 사는 꼬마 철학자 쇼펜하우어가 탐탁지 않았습니다.

한편, 쇼펜하우어의 아버지는 쇼펜하우어를 가업을 이을 상인으로 키우고 싶어 실업계 고등학교로 보내 회계 공부를 시키려고 하였습니다. 쇼펜하우어가 철학 공부를 하고 싶어 하는 걸 눈치챈 아버지는 유럽 여행을 시켜줄 테니 실업계로 가라고 하였습니다. 유럽 여행 후 쇼펜하우어는 실업계로 진학하여 아버지의 뜻대로 회계사 사무실에 나가며 상업 공부를 하였습니다. 그러나 여행 후 쇼펜하우어는 더욱더 철학적인 문제들에 사로잡혔습니다. '인생이란 무엇인가? 사람은 왜 사는가?'

그러던 중 아버지가 자살하는 충격적인 일이 벌어졌습니다. 쇼펜하우어는 어머니 때문이라고 생각했습니다. 아버지의 자살 이유를 평소 어머니가 아버지를 무시했기 때문으로 보았지요. 쇼펜하우어의 어머니는 아버지 자살 후 유산을 모두 챙겨 다른 도시로 이사 가버렸습니다.

혼자 남겨진 쇼펜하우어. 공부해야겠기에 어머니에게 돈을 요구했으나 계속 들어주지 않자 쇼펜하우어는 유산 상속 소송을 걸어 유산의 3분의 1을 돌려받았습니다. 이 돈으로 쇼펜하우어는 원하던 철학 공부를 계속할 수 있었습니다.

"살아 있는 동안 우리 서로 보지 맙시다."

1813년 예나대학에서 박사 학위를 받고 어머니에게 보여드리자 그녀가 하는 말, "이건 박사 학위 논문이 아니라 쓰레기군!" 그날 둘은 엄청나게 논쟁을 벌였고 이제는 영영 남남이 되었습니다.

쇼펜하우어가 두 번째로 싫어한 것은 여자였습니다. 아마도 어머니의 영향이 크지 않았나 생각됩니다. 헤겔, 여자, 소음 쇼펜하우어가 싫어한 것 3가지입니다. 이 3가지는 서로 연관됩니다. 쇼펜하우어에 있어 헤겔의 강의는 소음이었습니다. 물론 여자들의 소음도 무척이나 싫어했습니다.

한번은 조용히 책을 읽고 있는데 여자들이 수다 떠는 소리가 왁자지껄 들렸습니다. 조용히 해달라고 부탁하는 쇼펜하우어. 그러나 여자들은 아랑곳하지 않고 계속 떠들어댔습니다. 한 번 더 부탁했지만, 그래도 여자들이 떠들자 결국, 대판 싸움이 벌어졌고 화가 난 쇼펜하우어는 한 여자를 들어 마당에 내동댕이쳤습니다. 이 여인이 쇼펜하우어에게 혹 같은 여자 마르케입니다. 쇼펜하우어는 고소를 당했고, 법원은 평생 그녀에게 연금을 지급하라는 판결을 내렸습니다. 훗날 마르케가 죽자 쇼펜하우어는 일기장에 이렇게 썼습니다.

"늙은 년이 갔다!"

쇼펜하우어에 있어 우리의 생$^±$은 맹목적인 삶에의 의지 때문에 고통입니다. 그래서 이 의지를 부정하는 방향으로 나아가야 하는데 그 방법은 두 가지입니다. 하나는 예술을 하는 것이요, 다른 하나는 종교의 가르침을 따르는 것입니다. 예술은 음악을 해야 하고, 종교는 불교의 금욕을 실천해야 한다고 하였습니다. 최악의 생을 탈출하기 위해서는 음악을 통해 삶을 관조하면서 망각의 길로 가야 하고, 불교에서 강조하는 금욕적 생활로 우리의 욕구를 끊어버리고 없애버려야[斷滅, 단멸] 한다고 하였습니다.

젊은 날 방황하던 니체는 어느 날 우연히 헌책방에 들렀다가 쇼펜하우어의 책《의지와 표상으로서의 세계》를 집어 들고는 전율했습니다. 당장 집으로 사 들고 와 이틀 밤을 새우면서 읽고 또 읽었지요. 신학을 공부하기 싫어했던 니체 앞에 자신이 해야 할 일을 제시한 것이 쇼펜하우어의 책입니다. 이렇게 쇼펜하우어의 생 철학은 니체를 거쳐 현대 실존주의 철학으로 이어집니다.

"세계란 결코 합리적이고 논리적인 구조로 되어 있지 않으며, 비합리적이고 맹목적인 의지일 뿐이다." 쇼펜하우어의 가르침입니다.

🖉 저는 쇼펜하우어를 생각하면 괴팍함이 먼저 생각나요. '나는 내 멋대로 살 테니 너희는 너희 생각대로 살아라!' 그런데 여기서 '내 멋대로'를 조금 다듬으면 자기 소신대로 살아가는 삶이지요. 교사의 길을 가면서 자기의 소신대로 행동하는 것 정말 중요합니다. 세상은 흔들려도 선생님이 흔들리면 안 되지요. 저는 교사로 살아오면서 정의롭지 못한 각종 행정적인 일로 인해 많이 다투었는데요. 나름대로 주관을 가지고 했다고 자부합니다. 물론 그런 행동이 보편적인 틀에서 벗어난 오만한 행동이면 안 되겠지요.

우리 교사들은 아이들에게 자기의 인생을 개척해나가는 소신을 가르칠 필요가 있습니다. 오늘날 우리는 너무 틀에 맞춘 삶만 사는 건 아닌지 반성해볼 필요가 있어요. 날 때가 되면 절벽에서 밀어야 독수리는 날 수 있는 거죠. 선생님이, 부모님이 마련해준 길보다 스스로 개척해가는 길이 진정 멋진 길 일 거예요. 그저 그렇게 안주하기보다는 끊임없이 변화를 추구하는 삶이 아이들에게는 더욱더 필요한 시대입니다.

주인처럼
산다는 건…

철학이 왜 필요할까요? 철학은 형이상학이 아닙니다. 뜬구름 잡는 게
아니란 것이지요. 이 세상에서 자기가 어느 곳에서 무슨 일을 하든 간
에 철학을 가지고 있어야 최소한의 기본은 할 수 있습니다.

그러나 그 철학이 자기만 옳다고 하는 개똥철학이면 안 됩니다. 그
철학은 최소한의 보편적인 성격을 가지고 있어야 하죠. 쉽게 말해 공공
선에 합치되는 철학이어야 한다는 것입니다. 생명존중, 인권, 평등, 사회
복지 등 모든 사람에게 적용되는 선^{善}이 그 철학에 포함되어야 합니다.

선장의 철학은 무엇일까요? 경찰의 철학은 무엇일까요? 정치인의 철
학은 무엇일까요? 선생님의 철학은 무엇일까요? 이 모든 질문에 대한
대답은 어렵지 않습니다. 모두 타인을 향하는 철학이면 됩니다. 타인의
생명, 타인의 안전, 타인의 복지, 타인을 향한 사랑 등 함께 사는 이 세
상을 위하는 철학이면 되는 것입니다.

그러나 오늘날 대한민국에 이런 철학이 존재할까요? 엄청난 형이상
학을 말하는 것이 아닙니다. 그냥 순수하게 측은지심의 눈으로 남을
바라만 보아도 이 철학은 완성됩니다.

이러한 철학은 주인의식과도 관련이 있어요. 자신이 주인이라면 나

름대로 철학을 가지고 일을 처리합니다. 철학이 있는 선장은 승객 수백 명을 남겨두고 배를 빠져나오지 않습니다. 철학이 있는 경찰은 바닷속에 수백 명이 있는데 80명이나 구했으면 많이 구한 셈이라고 말하지 않습니다. 철학이 있는 정치인이라면 재난 현장에 가서 기념촬영을 하지는 않습니다. 철학이 있는 선생님이라면 아이들을 내팽개쳐 두고 자신의 일상에만 관심을 기울이진 않습니다.

니체는 노예로 살지 말고 주인으로 살라고 외쳤습니다. 신은 죽었으니 더는 신에게 의지하지 말고 자신의 실존을 찾으라고요. 니체가 말하는 신은 3가지 의미를 가집니다. 첫째는 기독교의 잔존입니다. 하나님의 권위를 빌어 신도를 위협하는 거짓 기독교인들 말입니다. 둘째는 근대 이후 오만무도하기 이를 데 없는 이성의 신입니다. 이성에 대한 맹신이 우리를 또다시 속박의 구렁텅이로 몰아넣습니다. 마지막은 물신物神입니다. 발달하는 자본주의 속에서 우리는 물질 숭배의 우상 속에서 헤맬 것이라고 경고했습니다.

밥버러지로 산다면 그 사람은 노예입니다. 그래서 밥과 철학은 자주 대비되지요. 선장, 경찰, 정치인, 교사 모두 밥을 먹고 삽니다. 그러나 밥을 먹는 데도 품위가 있는 법입니다. 밥에만 관심이 있으면 그 사람에게 철학이 스며들 여지는 없습니다. 사람이 밥을 안 먹고 살 수 없어요. 그러나 밥에만 매달리면 노예입니다. 품위 있게 밥을 먹는 주인으로 살고 싶다면 자신의 직분에서 무엇을 해야 하는가를 알아야 합니다.

'위버멘쉬' 니체가 말한 초인입니다. 주인의식을 가지고 자신의 삶을 긍정과 사랑 그리고 세상에 대한 책임으로 채워가는 사람이지요. 니체는 당시의 세상이 허무주의에 휩싸일 것이라고 경고했습니다. 그래서 차라투스트라 같은 주인으로 살아야 한다고 했습니다.

약자의 도덕, 노예의 도덕을 버려라! 나는 나니까! 굴종과 비루함을 버리고 스스로 두 발을 땅에 굳건히 딛고 높은 이상을 바라보며 살아야 합니다. 그렇게 산 일생을 마칠 무렵 우리는 이렇게 외칠 수 있어야 합니다.

"이것이 생이었더냐. 자, 그렇다면 다시 한번!"

하늘을 우러러 한 점 부끄럼 없이 사는 완벽한 초인은 아닐지라도 최소한 자신의 삶과 이 사회에 대한 일말의 책임을 실천하면서 살아야 우리 모두 대한민국의 사회적 건강을 보장받을 수 있고, 그런 사회가 되어야 우리의 꿈도 희망도 달성할 수 있을 것입니다.

2016년 가을을 지나 겨울까지 광화문에 울려 퍼진 천만의 촛불은 대한민국 국민이 주인의식을 가지고 살고 있음을 보여준 쾌거 중의 쾌거입니다. 이제 우리가 할 일은 이러한 에너지를 사회 곳곳에 스며들게 하여 공명정대한 세상, 함께 누리는 세상을 만드는 것입니다. 각자의 자리로 돌아가 각자가 속한 조직을 건전하게 만들 때 우리 사회는 다시 한번 도약할 것입니다.

가슴 뿌듯하기도 하지만, 한편으로는 걱정이 되기도 합니다. 우리 인간은 자신의 실존을 찾는 일에는 나약한 존재이니까요. 니체처럼 시대의 부름을 제대로 아는 사람이 과연 몇 명이나 될까요? 우리 대부분은 인생을 그냥 허무하게 살아갑니다. 우리 인생은 한순간에 '안주의 나룻배'를 타게 됩니다. 이런 점에서 교사들은 학생들에게 끊임없이 도전의식을 심어주어야 합니다. 자신이 평생 추구할 만한 가치를 찾아 도전하는 동기를 심어주어야 합니다. '이런 일을 하면 편하게 살 수 있지.'라는 말은 금기시해야 합니다. 부모님도 그런 말을 하는데 선생님마저 그렇게 말해버리면 아이들은 힘이 빠집니다.

철학의 오만을 벗어라

흄은 스코틀랜드 에든버러 출신 철학자입니다. 에든버러에 가면 흄의 동상이 있는데 엄지발가락이 반질반질해요. 흄의 발가락을 만지면 행운이 온다는 속설이 있다고 전해져 관광객이 너도나도 만지고 가서 그리된 것입니다. 스코틀랜드는 골프와 스카치위스키 원조의 나라입니다. 전통의상 킬트도 유명하죠. 인구는 영국 전체 인구의 10분의 1이지만 훌륭한 전통을 가진 영국 안의 또 다른 국가입니다.

데이비드 흄은 12세에 법학부에 입학할 정도로 어린 시절부터 공부에 매달렸습니다. 그 시절 대부분의 명문가 집안에서 하던 공부법이었죠. 법학부에 들어가긴 갔으나 흄은 문사철에 더 관심이 많았습니다. 문학, 역사, 철학 이른바 인문학 3인방입니다. 젊은 날의 흄은 너무 공부를 많이 하여 신경쇠약에 걸렸는데, 의사는 이를 '학자병'에 걸렸다고 진단했습니다.

흄은 18세 정도 되었을 때 남다른 사고를 할 수 있었다고 자평했습니다. 사고의 새로운 지평을 열었던 것이겠지요. 흄의 비판적인 사고는 당시 철학계로 향했습니다. 데카르트 이래 근대가 열린 후 당시 철학자들은 약간의 오만에 빠져 있었습니다. 인간의 경험이나 이성으로 모든 것을 설명할 수 있다는 착각을 했지요. 철학자들의 논의가 현실과는 너무 동떨어진 방향으로 나아가 뜬구름 잡는 식이 되어가고 있었습니다. 흄은 여기에 찬물을 끼얹은 철학자입니다.

흄은 회의론적 경험론자입니다. 과연 인과율이라고 하는 것이 맞는 것인지 되물었지요. 누군가가 "밥을 먹으면?"이라고 물으면 우리는 "배가 부르다."라고 대답합니다. 밥을 먹으면 배가 부르다는 것이 인과율인데 이는 우리가 경험해보지 못한 세계를 그럴 것이라고 믿는 것에 불과하다는 것이 흄의 지적입니다. '내일은 태양이 뜬다'도 그냥 맞는 것이 아니라 우리가 계속 경험해서 맞는 것으로 착각하고 있다는 것입니다. 이렇게 확실하지 않은 것에 대해 계속 의심해서 흄은 무신론자나 이단론자로 의심받기도 하였습니다.

흄의 꿈은 대학교수가 되는 것이었습니다. 에든버러대학교에 지원서를 냈지만 무신론자라는 의심 때문에 번번이 낙방했습니다. 흄은 심기일전하여 30대 초반에 《인간 본성에 관한 논고》라는 책을 내고는 세상의 반향을 무척 기대했습니다. '과연 내 책을 세상은 어떻게 평가해줄까?' 하지만 잔뜩 기대한 흄은 이내 실망하고 맙니다. 세상은 그의 책에 별 관심이 없었습니다. "인쇄기에서 나오자마자 파쇄되었다!" 흄은 자신의 책을 이렇게 평했습니다.

흄은 철학책이 아니라 역사책으로 성공했습니다. 40대 초반에 쓴 《영국사》라는 책이 베스트셀러가 되었습니다. 흄의 《영국사》는 당시 에드워드 기번이 쓴 《로마제국 흥망사》라는 책과 함께 양대 베스트셀러 반열에 올라 돈도 많이 벌었습니다. 지금 생각해보니 18세기 사람들은 요즘 우리보다 책을 더 많이 읽지 않았나 생각됩니다. 영국 사람들이 그랬고, 프랑스 사람들도 볼테르나 루소의 책에 열광했으며, 미국 사람들도 토머스 페인의 《상식》을 읽으며 독립의 꿈을 키워나갔습니다.

흄의 철학을 높이 평가한 사람은 칸트입니다. 오죽하면 칸트는 흄의 철학을 접하곤 11년간이나 숙고한 끝에 저술에 들어갔을까요? 칸트가 흄을 경이롭게 본 것은 전통적인 철학에 대한 그의 공격입니다. 전통적인 철학에서는 세상을 설명하는데 인과론을 당연한 것으로 받아들입니다. 그러나 흄은 이렇게 당연하게 받아들인 인과론조차 의심해보아야 한다고 했습니다. 그것을 증명할 수 있느냐고 반문한 것이지요. 기존의 철학에 대해 흄이 행한 공격을 아주 결정적인 사건이라고 칸트는 평했습니다.

흄의 철학에 자극받은 칸트는 11년간 숙고 끝에 흄의 인과론에 대한 공격을 되받아쳤습니다. "절대적인 인과법칙은 없다. 인과론이라는 것은 사실을 습관에 의해 귀납적으로 확립된 개연성에 불과하다."라는 흄의 주장에 대해 절대적인 인과성이라는 것은 흄처럼 사물들에 대한 경험 때문에 유동적으로 변화하는 관념의 연합이라기보다는 '감각 경험 저편에 있는' 것, 즉 선험적으로 주어진 것이라고 칸트는 보았습니다. 경험을 가능하게 하는 선험! 칸트가 흄의 철학을 비판적으로 발전시킨 분야입니다.

기존의 형이상학자들과 흄, 칸트가 대화를 나눈다면 이러지 않았을까요?

기존의 형이상학자들: 원인은 결과를 내포하고 있네. 즉, 필연적인 인과율이 있고 이것으로 이 세상을 설명할 수 있지.

흄: 과연 우리 경험으로 필연적인 인과율을 알 수 있을까요? 그것은 단지 근접성일 뿐이죠. 각각의 경험들이 근접하여 일어남으로써 우

리는 마치 그것을 필연적이라고 착각할 뿐이죠. 경험하면 흔적이 남죠. '내일은 태양이 뜬다'라는 것은 필연적인 인과율이 아니라 우리의 경험 속에 있는 흔적의 연합일 뿐이란 말입니다.

칸트: 자네가 말한 흔적의 연합이라는 것을 가능하게 하려면 우리의 마음이 항상 일정해야 하지 않겠나? 마음이 일정하지 않다면 시시때때로 다른 경험들만이 존재할 테니까. 그러면 흔적의 연합조차도 없지 않겠나? 따라서 이러한 경험을 가능하게 하는 마음의 고정성을 확보하려면 경험 이전의 그 무엇이 있어야 하는데 그것이 바로 의식의 선험이지. 선험은 고정적이고 불변하니까 우리에게 일정한 경험을 할 수 있도록 해주는 잣대가 되어주는 것이지.

흄은 도덕이 이성의 지배를 받는다고 보지 않았습니다. 우리의 행동은 감정의 지배를 받습니다. 이성은 감정의 노예이고, 감정은 도덕의 원천입니다. 도덕은 이성으로 옳고 그름을 판단해서 그것에 따라서 행동하는 것이 아니라 감정의 지배를 받습니다. 여기서 감정은 개인적인 감정이 아니라 사회적으로 인정받는 감정 즉, 공감이지요.

흄의 이러한 사상은 공리주의 사상에 영향을 주었습니다.

"인간의 가슴을 사로잡고자 하는 사람은 가슴의 법칙이 무엇인지를 먼저 알아야 합니다."

'공감'이라는 개념을 중요시한 흄, 죽기 전에 그는 다음과 같은 말을 남겼습니다.

"나는 부드러운 성격의 사나이였으며, 나 자신의 주인이었고, 개방적이고, 사교적이며, 친절하였다. 다른 사람들을 좋아하기는 쉬워도 적대감을 느끼기는 어려운 성격이기도 하다. 감정상으로 나는 온유한 편이다. 작가로서 명성을 떨치고 싶다는 소원이 내 삶을 지배하는 열정인데 적잖이 실패하긴 했지만 그렇다고 내 유쾌한 기분이 상한 적은 없었다."

🖊 흄이 당시 철학의 문제점을 집요하게 파고들어 이의를 제기했던 것처럼 우리가 인문학에 심취하여 그 학문의 문제점과 발전에 대해 논의한다는 것은 지적인 희열을 느낄만한 일이지요. 주위에 수학이나 과학을 가르치시는 이과 쪽 선생님 중에는 인문학 소양을 위한 독서를 엄청 많이 하시는 존경스런 선생님도 있습니다.

요즈음에는 무엇을 전공하든지 인문학적 소양을 무척 강조합니다. 구글은 분명 IT 회사인데 신입사원의 60%를 인문학 전공자로 뽑습니다. 인문학은 창의성이 나타날 수 있는 원천에 해당하기 때문이지요. 흄을 가르치면서 저는 아이들에게 인문학의 중요성에 대하여 강조하곤 합니다. "너희가 가려는 길이 어떤 길이든지 간에 기초부터 탄탄하게 다진 다음 그 길을 가거라." 요즈음 인문학 전공자의 구십 퍼센트는 논다는 뜻으로 '인구론'요즈음 고등학생을 대상으로 문과 이과 희망을 받아서 반 편성을 하다 보면 이과 쪽으로 약 80%의 학생이 몰리는 현상이 발생합니다 운운하며 문과 전공 학생들이 홀대받는데 이는 바람직하지 않은 현상입니다. 세상은 돌고 도는 것처럼 문과 전공자들이 오히려 각광받는 날이 올 것입니다.

4.

교육에
정책적
접근이
필요할 때

이번 장은 좀 딱딱할 수도 있겠네요.
그러나 학생과 학부모, 교사가 한마음이 되어 열심히 앞으로 나가더라도
종종 학교 현실과 동떨어진 제도들이 시행될 때가 있습니다.
저 역시 새로운 제도가 발표될 때마다 당황스러웠어요.
하지만, 당장 눈앞의 인생을 살아가야 할 학생들에게는 선생님이 어떻게든 제도를 빨리
이해하여 제도 때문에 학생들에게 피해가 돌아가지 않도록 하는 게 필요한 건 아닐까요?
현재 시행되는 교육정책을 이해하고, 나아가 선생님들이
정책적 마인드를 갖추시는 데에 도움이 되기를 바랍니다.

한국 교육,
장점과 단점은 무엇인가?

SWOT는 강점Strength, 약점Weakness, 기회Opportunity, 위협Threat 요소의 줄임말입니다. 회사의 경영전략 차원에서 시장 상황에 회사가 어떠한 위치를 차지하는지를 분석하는 기법에서 왔는데요. 각 단위 학교도 학교 교육계획을 세울 때 SWOT 분석을 합니다.

SWOT 분석에서 강점과 약점은 내부적인 요소, 기회와 위협은 외부적인 요소로 구분하지요. 강점과 기회는 긍정적인 면, 약점과 위협은 부정적인 면으로 위험을 불러오는 요소들입니다. SWOT 분석을 하면서 유념해야 할 점은 세 가지입니다. 첫 번째는 기회와 위협 요소는 완전히 외부 환경만을 고려합니다. 교육에 영향을 주지만 교육으로 통제할 수 없는 부분을 적어 넣지요. 두 번째는 '만약 ~라면' 식의 가상 시나리오를 적지 말고 확실한 기회, 확실한 위협, 확실한 강점, 확실한 약점만을 적습니다. 세 번째는 강점과 약점을 뽑아낼 때 확실한 경쟁 우위와 확실한 경쟁 열세에 있는 것을 적습니다.

이렇게 해서 '한국 교육의 SWOT'을 뽑아내 보았습니다.

〈기회〉	〈위협〉
• 변화하는 미래 사회 • 양질의 교사 인력풀 • IT 선진국 • 평등 교육관	• 대학의 소멸 • 학생 수 감소 • 학교 내 이익집단의 증가 • 작은 학교 소멸 위기 • 공교육 이탈 조짐
〈강점〉	〈약점〉
• 혁신학교 운동 • 진보교육감 • 세계 최고의 교육열 • 강력한 교사운동 에너지	• 지나친 입시 경쟁 구조 • 단선형 학제 • 사교육비 부담 • 자기 단속의 교사 문화

〈기회〉 우리 교육이 가진 외부 환경 중 기회는 무엇이 있을까요? 우선, IT 선진국이란 점을 꼽을 수 있습니다. 한국이 IT 강국인 이유는 국민의 마인드에 있어요. 빠르게 변하는 미래 사회에 능동적으로 대처하는 한국인이 우리 교육엔 분명 기회일 것입니다. 두 번째로 교사 인력풀을 들 수 있습니다. 한국만큼 우수한 자원이 교사가 되겠다고 나서는 나라는 많지 않거든요. 그만큼 한국의 교육은 얼마든지 양질의 교사를 공급받을 수 있는 시스템입니다. 세 번째는 평등 교육관입니다. 우리나라 사람은 교육으로 차별받는 것을 엄청 싫어합니다. 어찌 보면 실제적인 불평등이나 차별이 일어나고 있는데도 애써 외면하면서 교육의 기회 균등을 외치지요. 이러한 국민의 평등주의적 교육관은 분명 우리 교육엔 희망이자 기회입니다.

〈위협〉 우리 교육을 위협하는 외부 환경에는 무엇이 있을까요? 첫째, 인구 문제가 있습니다. 저출산에 따른 학생 수 감소는 교육에 확실

한 위협으로 다가옵니다. 당장 수많은 학교가 학생이 없어 문을 닫아
야 합니다. 두 번째 위협 요소는 빠르게 변화하는 세상의 흐름 속에 대
학은 그 필요성이 점점 줄 것입니다. 따라서 앞으로는 소멸하는 대학이
증가할 것입니다. 이는 방금 이야기한 저출산의 문제와도 직결되지요.
세 번째, 우리 교육을 위협하는 요소는 단위 학교 조직 내 가르치는 교
사 외에 각종 집단이 증가했다는 점입니다. 이들은 일정 부분 학교 교
육에 공헌했지만 앞으로는 학교 교육에 대한 본말전도로 나타날 가능
성이 큽니다. 당장 여러 학교를 둘러보아도 교사보다 이러한 집단 사람
들이 학교 내에 더 많습니다. 우리 교육을 위협하는 네 번째 요소는 공
교육 이탈 조짐입니다. 이는 교육의 범위를 어디까지 볼 것인가 하는 논
란도 함께 가져옵니다. 공교육을 떠나 대안학교나 홈스쿨링을 선택하는
학생이 늘어날 것입니다. 이는 인터넷을 기반으로 하는 온라인 학교들
에 의해 더욱더 퍼질 것이고요.

〈강점〉 그렇다면 우리 교육의 강점에는 무엇이 있을까요? 첫 번째,
진보교육감 출현에 따른 혁신학교 운동입니다. IMF 이후 몰아닥친 신
자유주의 열풍이 우리 교육을 지배했는데, 그에 대한 반작용으로 나타
난 것이 혁신학교 운동입니다. 두 번째, 우리 교육의 강점으로 빼놓을
수 없는 것이 전 국민적인 교육열입니다. 우리나라 교육열은 고구려 경
당부터 고려 시대 서당, 조선 시대 서원에 이르기까지 그 역사가 깊습
니다. 특히 일제강점기와 6·25를 거치면서 교육열은 더 강해졌습니다.
더욱이 근대화·산업화 속에서 교육은 입신양명의 도구가 되어 전 국민
을 학교로 인도했지요. 마지막으로 대한민국 교육의 강점 중 하나는 강
력한 교사운동입니다. 전교조, 좋은교사운동, 새로운 학교 네트워크 등

교사운동을 통해 교사들은 능동적 교사상을 스스로 만들어갑니다. 이러한 교사운동이 학교 현장의 에너지를 만들어가고요.

〈약점〉 우리 교육에는 어떤 약점이 있을까요? 지나친 입시 경쟁이 첫째입니다. 한국의 학벌 사회는 모든 학생을 대학 입시라는 하나의 관문으로 유도합니다. 한국은 대학 교육이 가지는 비용 대비 편익 비율이 가장 높은 나라입니다. OECD 평균이 4.08인데 비해 우리는 5.13입니다. 이웃 일본은 2.30, 미국은 3.90입니다. 이러한 입시 경쟁 구조에 대학까지 서열화되니 경쟁을 넘어 입시 전쟁이 되고 있습니다. 두 번째는 입시를 뚫기 위한 사교육비 부담입니다. 우리의 사교육은 여러 가지 문제를 일으키고 있지만 절대 줄어들지 않습니다. 우수 학생을 선발하기 위한 대학 경쟁이 계속되면서 입시 제도가 자주 바뀌고, 그에 덩달아 사교육은 계속 팽창되었습니다. 세 번째 약점은 단선형 학제를 들 수 있습니다. 이는 우리나라 사람들이 가진 사농공상 전통에 따른 선비를 우대하는 마음과 평등주의적 교육관에 기인합니다. 내 자식은 다르다는 이기주의적 학부모관도 단선형 학제를 부추기고요. 또한 어렸을 때부터 꿈과 미래를 찾아가는 진로교육의 부재 또한 일단 대학은 가고 보자는 '밀어 올리기 식의 진로 선택'을 강요합니다. 이러한 요인들이 한국에서 복선형 학제에 따른 직업교육이 잘 안 되는 이유입니다. 한국 교육의 미래와 아이들의 미래를 위해 시급히 고쳐야 할 것 중 하나가 단선형 학제입니다. 네 번째는 자기 단속의 교사 문화가 있습니다. 많은 교사가 학교장의 비민주성, 평가의 획일화, 입시 경쟁 구조, 행정업무 처리를 핑계로 하루하루 연명하는 문화가 학교 현장에 팽배해 있습니다. 학교에 문제가 있다면 교사들 간에 강력한 연대가 필요함에도 혼

자 버틸 만하다는 외줄 타기를 계속하는 교사가 많은 것이 우리 교육
의 약점입니다.

학교는 어쩌다
단절의 공간이 되었을까?

지금까지 시행된 교육정책 중, 학교와 교실을 단절의 공간으로 만든 것이 많습니다. 수준별 이동 수업, 경쟁을 촉발하는 내신등급제, 교과교실제, 수능에서의 입시 과목 축소, 생활지도에서 벌점제 적용, 기숙형 학교, 사교육 유발 정책, 귀족학교 탄생, 교원 성과급 등 수도 없이 많습니다. 이것들은 현재 우리 교육에서 나타나는 문제점의 악역을 담당해 온 주인공이라 해도 과언이 아닙니다. 하나씩 살펴볼까요?

첫 번째 벌점제입니다. 생활지도에서 벌점제가 도입된 이유는 체벌이 사라지면서 이를 대체하기 위함이었습니다. 체벌은 당연히 없어져야 할 구태인 건 사실이죠. 문제는 체벌을 없애는 대신 벌점제를 채택하여 학생들의 잘못을 바로잡으려는 데 있습니다. 이는 마치 교통순경이 운전자의 위반 사항을 단속하는 것과 비슷합니다. 운전자는 자신이 잘못했음에도 재수가 없어서 걸렸다고 생각합니다. 벌점을 받는 학생도 마찬가지 감정을 가집니다. 심지어 어떤 학생은 "벌점 그까짓 거 주세요, 줘!"라고 하면서 대들기도 합니다. 교사도 벌점제 뒤에 숨습니다. 학생을 위해 적극적인 생활지도를 하지 않고 벌점을 주고는 임무가 끝났다는 식의 태도를 보입니다. 이러면 교사와 학생의 관계가 깨질 가능성이

크죠. 교사와 학생 간의 관계를 너무 메마르게 하는 게 바로 벌점제입니다. 어느 고등학교에서는 21명의 학생이 집단으로 자퇴했는데 그 이유가 벌점제 때문이었습니다. 벌점이 누적되어 사회봉사 기관에 가서 교육을 받아야 하는데, 아이들이 그걸 받아들이기 싫으니까 학교를 그만둔 거죠. 생활지도로서 벌점제는 이렇게 악역을 해왔습니다.

두 번째, 동료끼리 서로 경쟁하여 한 등급이라도 더 좋은 점수를 받아야 하는 '내신등급제'는 학생들 간에 단절을 부추깁니다. 함께 열심히 공부해서 좋은 대학에 들어가자는 동료가 알고 보면 경쟁자인 셈이죠. 선의의 경쟁인데 뭐 어떠냐는 식의 논리도 있지만, 학생들 간 끈끈한 연결에 방해되는 것이 사실입니다. 특히 현행 9등급제는 1등급으로 갈수록 촘촘해지는 스테나인 점수체제입니다. 1등급이 4%, 2등급이 4~11%까지 7%, 3등급이 11~23%까지 12%… 이런 식인데요. 상위 등급으로 갈수록 폭이 좁아지기 때문에 내신으로 인한 스트레스를 심하게 받는 구조입니다. 학생부 종합전형이 확대되면서 이 경쟁은 비교과 영역으로까지 퍼졌습니다.

세 번째, 수준별 이동 수업은 일자리 창출에 다름 아닌 정책이라고 평가절하할 수 있습니다. 기존의 2개 반을 상중하 3개 반으로 쪼개서 가르치는 방식인데요. 수준이 비슷한 아이들을 모아서 가르치면 교사가 설명할 때도 편하고 학생도 진도를 잘 따라올 것이기 때문에 학습 성취 수준도 높아질 것이라는 가정하에 도입되었습니다. 그러나 연구 결과 수준별 이동 수업은 학력, 정서 면에서 모두 안 좋은 것으로 나타났습니다. 차라리 공부 잘하는 아이들과 섞여 있을 때 '나도 공부 열심히 해야지' 하고 동기가 유발되는 것입니다. 수준별 이동 수업은 결국 같은 반 아이들을 떼어놓아 교육은 연결이 되어야 한다는 가치를 훼손

하는 제도입니다. 마찬가지로 교과 교실제는 교과별로 교실을 정해놓고 아이들이 쉬는 시간마다 이동하면서 수업을 듣는 방식입니다. 쉬는 시간 10분 동안 화장실도 가야 하고, 책가방 싸 들고 다른 교실로 이동해야 하니 얼마나 어수선하겠습니까? 수업 시간이 띄엄띄엄 있는 대학에서나 가능한 것을 중고등학교에 도입한 것이죠.

네 번째, 수능의 입시 과목을 줄임으로써 학생들이 공부하는데 편식이 나타나 교과목 간의 단절이 생겼습니다. 학생들의 부담을 덜어준다는 의미로 사회탐구나 과학탐구에서 선택하는 과목 수를 줄였습니다. 이렇게 되니 과목 간 연결이 끊어져 버렸죠. 학생들은 자신이 선택한 과목만 공부하고 선택하지 않은 과목은 소위 버립니다. 공부가 어찌 분화된 한 과목만 공부해서 되겠습니까? 이건 점수 따기 위한 공부이지 진정한 공부는 아닙니다. 학생들의 학습 부담을 줄여준다는 정책이 오히려 학생들이 공부를 편식하도록 만들었습니다.

다섯 번째, 언제부턴가 학교에 기숙사를 만들어 공부 잘하는 학생을 몰아넣는 바람에 기숙사가 공부시키는 공간으로 둔갑했습니다. 기숙사가 먹고 자는 곳이 아니라 공부 잘하는 애들 재우는 곳이 된 거죠. 그래서 기숙사가 다른 말로 학사라고 합니다. 학생들이 기숙사에 들어가면 부모는 일단 편합니다. 일주일 동안 아이들과 부딪칠 일이 없으니까요. 하지만 편하다고 다 좋은 건 아닙니다. 아이들이 부모와 함께 밥을 먹으면서 배우는 밥상머리 교육을 무시할 수 없는데, 요즘 부모들은 될 수 있으면 아이들과 부딪치지 않고 지내길 바랍니다. '잘 커주겠지.' 하고 순진하게 믿는 부모의 마음에 부응하는 제도가 기숙사, 학사 그리고 기숙형 학교들입니다. 좋은 취지에서 시작한 기숙사 제도가 부모들의 가정교육을 방치하는 제도로 전락해버렸습니다. 부모와 자식 간의 연결을 방해하는 제도인 것입니다.

여섯 번째, 사교육이 학교 현장을 단절의 공간으로 만들었습니다. 사교육을 잡는 방법은 간단합니다. 입시 제도를 건드리지 않으면 됩니다. 전 국민이 제도를 알면 대처할 수 있으니까요. 중학교 1학년이 대입 제도가 이러이러하다고 알면 스스로 대처합니다. 그러나 우리나라는 자주 바뀝니다. 그러면 전문가를 찾아갈 수밖에 없죠. 불안감 조장이 사교육을 더욱 키웁니다. 이것도 잘해야 한다, 저것도 잘해야 한다, 여기저기서 쏟아지는 정보에 학부모도 아이도 정신이 없습니다. 결국, 사교육은 폭발적으로 늘어나지요. 사교육에 의존할수록 공교육과는 단절됩니다. 학교보다 학원에 의존하니 수업 시간과 단절되고 그러다 보면 학교 선생님과도 단절됩니다.

우리나라 교육정책, 특히 입시 정책이 이리 바뀌고 저리 바뀌는 바람에 사교육만 더 늘어났습니다. 한 자료에 의하면 20년 전 1조 원이던 초중고등학교 사교육비가 2014년엔 18배 이상 증가하여 18조 2000억 원으로 늘었다고 합니다〈2015.2.26. 통계청 홈페이지〉. 그러니 학교 교육은 더욱더 황폐해져 왔죠.

마지막으로 우리 사회 내의 연결도 중요한데요. 이를 단절시키는 제도가 국제중, 국제고, 영재고, 외고, 특목고, 과학고, 자사고 등 폭발적으로 늘어난 귀족학교들입니다. 여기에 어떤 학생들이 다닐까요? 한 조사를 보니 가구소득 400만 원 이하인 학생 비율이 일반고는 48.1%, 자사고는 27.2%, 가구소득 600만 원 이상인 학생 비율이 일반고는 23.2%, 자사고는 44.8%였습니다. 한국 사회에서 고교 평준화는 깨진 지 오랩니다. 늘어나는 귀족형 학교는 계층 간 단절을 가져왔습니다. 함께 배우지 않으면 공감하지 못하고 공감하지 못하면 힘들고 어려운 사람을 바라보는 시각이 편협해지기 마련입니다. 계층 간의 격차를 우리 사회의 구조적인 문제라 생각하지 않고 개인의 게으름 때문이라고 생각하죠. 그런 아이들에게 우리 사회의 미래를 맡길 수는 없지 않겠습니까?

인구절벽 시대,
학교는 어떻게 될까?

교육은 인구와 떼려야 뗄 수 없습니다. 인구 변동 추이에 따라 학교가 늘어나거나 줄어드니까요. 특히 우리나라는 해방 이후 6·25를 겪으면서 인구가 폭발적으로 증가했습니다. 대략 1955년생부터 1963년생까지를 베이비붐 세대라고 합니다. 이들은 약 715만 명으로 전체 인구의 14.6%를 차지합니다. 이 베이비붐 세대의 이동에 따라 한국의 교육정책이 바뀌어왔다고 해도 과언이 아닙니다.

중학교 무시험 전형이 시행된 것은 1969년이었습니다. 초등학생들이 중학교 입학시험 공부를 자정까지 했는데, 이를 바로잡고자 중학교 입학시험제도를 폐지했습니다. 당시 중학교 입시와 관련하여 '무즙 파동'도 있었는데요. 무즙 파동은 당시 중학교 입시가 얼마나 과열되었는가를 보여주는 상징적인 사건입니다. 1964년 12월 서울시 중학교 입학시험 자연과 문제에 이런 것이 출제되었습니다.

다음은 엿을 만드는 순서를 차례로 적어놓은 것입니다.
① 찹쌀 1kg가량을 물에 담갔다가
② 이것을 쪄서 밥을 만든다.

③이 밥을 물 3*l*와 엿기름 160g을 넣고 잘 섞은 다음에 60℃
　의 온도로 5~6시간 둔다.

④이것을 엉성한 삼베 주머니로 짠다.

⑤짜낸 국물을 조린다.

[문제]
위 ③과 같은 일에서 엿기름 대신 넣어도 좋은 것은 무엇인가?

　정답은 '디아스타아제'였습니다. 그런데 학부모들이 들고일어났어요. 엿기름 대신 '무즙'을 넣어도 엿을 만들 수 있다고 항의한 거죠. 학부모들은 지금까지 무즙을 넣고 엿을 만들었으니까요. 어떤 학부모는 무즙을 넣고 엿을 직접 고아서 이를 들고 교육감을 찾아가 항의하기도 했습니다. 출제진도 우왕좌왕하여 문제를 더욱 키웠는데요. 처음 항의가 일자 이 문제를 아예 없는 문제로 처리하겠다고 발표했습니다. 그러자 이번에는 그 문제를 맞힌 학생과 학부모가 들고일어났어요. 최종적으로는 그냥 처음과 같이 디아스타아제만 답으로 처리했습니다. 근소한 차이로 당시 명문인 경기중학교에 떨어진 학생의 학부모들이 가만히 있지 않고 소송을 냈습니다. 그래서 다음 해 4월 대법원에서 '무즙도 정답으로 보아야 한다'는 최종판결을 받았습니다. 문제는 경기중학교에 떨어진 학생들을 어떻게 구제하느냐로 넘어갔습니다. 당시 경기중학교장은 입학한 지 시간이 오래 지났기 때문에 합격시키지 못하겠다고 해서 다시 한 번 학부모들이 학교로 달려갔습니다. 교장을 연금시키기까지 해서 결국 전원 편입학 형식으로 경기중학교에 가게 되었습니다. 이 사건으로 치맛바람이라는 말이 생겼습니다. 또 중학교 입학시험이 너무 과열되니 어떤 형식으로든 손을 보아야겠다는 여론이 나타났고 몇 년 후 중학교 무시험제도로 이어졌습니다.

베이비붐 세대들이 중학교에 갈 때쯤 중학교 무시험제도가 시행되었고, 그들이 고등학교 갈 때쯤인 1974년부터 고등학교 평준화 정책이 시행되었습니다. 고교 평준화는 서울, 부산 지역에서 먼저 시행하고 점차 확대되었죠. 그리고 고등학교 평준화가 마무리될 무렵 대학교 졸업정원제가 시행되었습니다. 대학교 학번으로 따지면 81학번부터 시행되었죠.

이렇게 인구 팽창에 따라 교육정책이 변해왔는데요. 2000년대 들어서부터는 다른 문제가 생깁니다. 우리나라 출산율은 2015년 현재 1.3명으로 꼴찌에서 네 번째 국가입니다. 이러한 학령인구 감소는 각종 교육정책을 바꿀 수밖에 없도록 만들었지요. 그중 가장 심각한 문제는 소규모 학교를 어떻게 할 것인가입니다. 정부에서는 전교생 60명 미만의 소규모 학교를 통폐합한다는 방침을 정해놓았습니다. 2015년 현재 전국의 약 1900여 개 학교가 여기에 해당합니다.

	강원	충북	충남	전북	전남	경북	경남
소규모 학교 수	225	120	136	268	350	358	208

정부는 소규모 학교 통폐합에 속력을 내기 위해 2015년 5월 국가재정전략회의에서 통폐합 때 주는 인센티브 지원금을 확대했습니다. 기존 20억 원에서 초등학교는 30억 원, 중고등학교는 무려 100억 원으로 인상했습니다.

앞으로 시도교육청을 평가할 때 통폐합 점수를 높게 책정한다고 합니다. 정부가 이런 강공책과 유인책까지 쓰면서 소규모 학교를 통폐합하는 이유는 학령인구가 계속 감소하기 때문입니다. 2017년 기준 중학교 3학년 학생들부터 인구절벽입니다. 독자들께서도 주변 중학교의 홈페이지를 한번 검색해보세요. 전년도에 비해 3학년 학생 수가 급격히 줄어든 것을 확인할 수 있습니다. 2017년 현재 중학교 3학년이면 2002년 월드컵둥이들인데요. IMF의 여파로 고용불안과 청년실업으로 결혼한 쌍들이 줄어들면서 인구절벽이 나타난 것으로 분석됩니다. 이렇게 우리나라 학령인구는 1980년을 정점으로 계속 감소하고 있습니다. 1980년에는 인구 10명당 4명이 학생이었으나 현재는 10명 중 1.5명 정도입니다. 2060년에는 10명 중 1명만이 학생일 것으로 전망됩니다.

소규모 학교 통폐합 문제에 접근하는 방식에는 두 가지가 있습니다. 하나는 경제적인 면에서 접근하는 것이고 다른 하나는 교육적인 면에서 접근하는 것입니다. 경제적인 면으로는 당연히 소규모 학교들을 없애고 한 개의 학교로 통합하는 것이 맞겠지요. 지난 2012년 한국교육개발원이 연구한 〈농산어촌 소규모 학교 통폐합 효과 분석〉이란 보고서를 보면 2006~2010년 5년 동안 소규모 학교 통폐합의 비용 대비 수익은 1.1로 나타났습니다. 통폐합에 들어간 비용 중 직접비용이 637억~1064억 원이고 통폐합 지원금 등 인센티브에 2995억 원이 투입됐지만, 총 수익은 최소 3729억 원에서 최대 4455억 원으로 나타나 비용 대비 수익은 0.95~1.25평균 1.1로 나타났습니다. 투자 대비 수익이 거의 같은 수준이지요. 단기간의 수익이야 이렇겠지만 미래를 생각할 때 그 경제적 효과는 더욱 크게 나타나겠죠. 한편, 보고서는 학생들의 학습권이나 복지 등 교육적인 측면에서 소규모 학교 통폐합이 어떠할까를 접근했습니다. 학교 통폐합 후 학생들이 학교가 멀어지니까 아침잠을 충분히 못자고 등교한다는 학생이 41.6%로 나타났고, 방과 후에 친구들과 어울리지 못한다는 의견도 35.7% 있었습니다. 길이 험해서 사고 위험을 염려하며 학교에 다니는 학생도 21.5%에 이르렀지요. 소규모 학교 통폐합 정책에 대한 의견은 반대가 훨씬 많습니다. 통폐합 대상이 되는 작은 학교의 경우 교사 892명 가운데 658명[73.8%]이 반대하고, 교장 234명 가운데 171명[73.1%], 학부모는 1670명 가운데 1096명[65.6%]이 반대합니다. 학교 통폐합 문제는 지역사회의 발전과도 밀접한 관계가 있습니다. 농촌 지역 주민 875명은 "소규모 학교 통폐합으로 농산어촌 지역이 황폐해졌다고 생각하느냐?"란 질문에 64.9%가 동의했습니다.

학교가 없어지면 아무래도 지역 구심점이 사라지면서 지역에 미치는 영향이 큽니다. 따라서 교육청마다 시급한 사안으로 분류해 대책을 마련하고 작은 학교 살리기 운동을 벌이고 있습니다. 충북은 2012년 전국에서 최초로 농산촌 지원 강화 조례를 발의하여 시행하고 있습니다. 충청북도교육청은 2013년부터 시행해온 작은 학교 살리기 사업에 2016년에도 10개 학교를 선정해 지원 운영했습니다. 2016년에 선정된 10개 교는 9월부터 2년간 학교당 1800만 원에서 최고 2500만 원의 사업비를 지원할 예정이며, 사업 종료 후 우수 사례를 발굴해 일반화한다는 계획입니다. 강원도는 소규모 학교 통폐합에 더욱 민감한 곳입니다. 정부 방침대로 60명 미만의 소규모 학교를 통폐합하면, 횡성군 전체 초등학교 21개 중 17개[81%]가 학교가 문을 닫아야 하고, 고성군은 16개 학교 중 13개[81%], 화천군은 15개 학교 중 12개[80%] 학교가 문을 닫아야 합니다. 교육부는 강원도에 교사를 배정하는 일에도 초등교사 249명을 감축하라고 통보했고, 중등교사도 50명 감축 통보한 상황입니다. 이렇게 소규모 학교 통폐합 문제는 우리 사회 전반에 심각한 고민거리를 던집니다.

다음은 소규모 학교 통폐합 방안 중 하나인 기숙형 중학교에 대하여 알아보죠. 기숙형 중학교는 전체 학생들이 기숙사에 입소하여 월요일부터 금요일까지 집을 떠나 함께 학교에서 계속 생활하는 방식인데요. 아무래도 사춘기에 예민한 학생들이 보호자의 품을 떠나 있으므로 정서적으로 힘들어하는 학생도 있습니다. 사춘기 학생들이 자율권 없이 기숙사에 들어가면서 심리적 박탈감을 느끼고 이 때문에 스트레스를 받는 등 비교육적인 문제가 발생하는 면도 있지요.

물론 학교에서는 선생님들이 돌봄 기능을 확대하여 학생들이 잘 성장하도록 지도하지만 아무래도 부모 역할까지 하기는 벅찹니다. 소규모 학교보다 학생을 더 수용할 수 있어서 시설 면에서는 여유가 있고, 학생 수가 많아지고 예산도 지원이 되니까 방과 후 교육 활동을 다양하고 자유롭게 시행할 수 있는 장점도 있습니다. 축구 한 팀이 안 나올 정도로 소규모이던 학교에 다니다가 여러 친구와 어울리는 큰 학교에서 생활하니 사회성 발달에 도움이 된다는 연구 결과도 있습니다.

충북에서는 전국 최초로 2011년에 기숙형 중학교를 개교하여 교육계의 주목을 받았는데 보은군 삼송면의 속리산중학교입니다. 기숙형 중학교가 문을 열자 전국적인 벤치마킹 대상이 되었고, 외국에서도 방문했습니다. 2013년에는 충북 도내 두 번째 기숙형 중학교인 오성중학교가 괴산 감물면에 문을 열었죠. 기숙형 중학교가 작은 학교 통폐합의 한 방안이긴 하지만 학교를 운영하면서 여러 가지 문제에 봉착하기도 합니다. 학생 중에는 기숙사에 입소를 거부하는 사례도 많아서 문제가 되고요. 또, 아이를 키우기 힘든 가정에서는 기숙사 중학교 관내로 위장 전입하여 아이를 학교에 맡기는 경우도 많다고 하네요. 기숙형 중학교가 나중에는 애물단지가 되지 않을까 걱정됩니다. 경북에서도 2016년에 첫 기숙형 중학교가 개교했어요. 영천의 별빛중학교와 의성의 경북

중부중학교입니다. 2017년에는 김천에 남서부중학교와 봉화에 청량중학

교 청량중학교는 짧은 공사 기간으로 부실 시공이 우려된다는 도의회의 지적에 따라 2017년 5월로 개교를 연

기했다. 가 개교할 예정입니다.

누리과정을 둘러싼 갈등,
핵심을 파악해야

　무상보육 즉, 누리과정은 이명박 정부 때 만들어서 박근혜 새누리당 후보의 대선 전략의 하나로 설계된 정책이죠. 누리과정이란 어린이집 교육과정과 유치원 교육과정을 통합해서 부르는 말입니다. 만 3세~5세 아동이 어린이집이나 유치원에 가면 국가에서 22만 원을 어린이집이나 유치원 측에 지원하는 제도죠. 22만 원에 방과 후 활동비 7만 원을 합쳐 한 어린이당 총 29만 원씩 지원합니다. 그런데 문제는 예산입니다. 누리과정 소요 비용을 보니까 2014년에 투입된 예산만 3조 4156억 원이고 2015년은 3조 9284억 원, 2016년에는 4조 179억 원으로 지속해서 늘어나는 추세입니다.

　이주호 교육부 장관 시절 이 누리과정을 기획할 때 우리나라의 경기 회복과 그에 따른 4조 원 이상의 세수 확대를 예측하여 문제없다고 예상했습니다. 그러나 경기는 침체하고 세금은 걷히지 않으니 정부는 발등에 불이 떨어진 것이죠. 그래서 정부는 대통령령으로 시행령을 만들어 누리과정 예산을 각 시도교육청에서 편성하라고 내려보냈습니다. 하지만 현행법에는 도교육청에서 누리과정을 지원할 근거가 없습니다. 그래서 전국 시도교육감은 2014년 10월 7일 어린이집 보육료 예산을 편성하지 못하겠다고 결의했습니다. 그러다가 같은 해 11월 24일 정부와 시도교육청은 우회 지원에 합의했지요. 지방교육재정교부금과 지방채 발행을 통해 예산을 편성하라는 것이었습니다.

그런데 지방교육재정교부금은 학교를 위해 쓰는 돈이에요. 전국에 교육 기회를 균등하게 제공하기 위해 정부가 시도교육청에 주는 예산입니다. 지방교육재정교부금법에 근거하여 주지요. 내국세에 연동되어 교부되는데 총 내국세의 20.27%를 교부합니다. 교육청은 이 돈으로 학교를 새로 짓거나 낡은 시설을 안전하게 보수하는 등 학생들의 안전하고 건강한 학교생활을 조성하는 데 씁니다. 지방교육재정교부금법 제1조에는 "지방자치단체가 교육기관 및 교육행정기관을 설치·경영함에 필요한 재원의 전부 또는 일부를 국가가 교부하여 교육의 균형 있는 발전을 도모함을 목적으로 한다."라고 나와 있습니다. 교육기관과 교육행정기관에만 쓰라는 돈이죠. 문제는 이 법에 어린이집이 명시가 안 되어 있다는 것입니다. 어린이집은 보건복지부 담당이죠. 그래서 시행령을 부랴부랴 만들어 시도교육청에 떠넘긴 꼴이 되었습니다.

여기서 짚고 넘어갈 문제가 있습니다. 우리나라는 삼권분립이 보장되어 있습니다. 국회가 만든 법이 대통령의 시행령보다 우위에 있어야 하는데 이 경우는 대통령의 시행령으로 누리과정 예산을 시도교육청으로 넘긴 건데요. 이 과정은 국회 입법 조사처에서도 문제가 있다는 의견을 냈습니다. "무상보육 재정을 지방교육재정부담금으로 조달하도록 하는 것은 '지방교육재정교부금법'의 목적에 부합하지 않는다"고 했습니다. 지방교육재정부담금의 목적은 당연히 현재의 수많은 학교를 운영하는 데 드는 돈이죠.

시도교육청은 돈이 쪼들리자 지방채를 발행하여 메우고 있는데요.

지방채도 결국은 빚이지요. 시도교육청의 지방채 발행 규모는 2013년 약 3조 원에서 2015년에 약 10조 원까지 증가했습니다. 이렇게 가다가는 교육자치를 위한 시도교육청 재정이 파탄 날 수도 있습니다. 이재정 경기도교육감은 2020년이 되면 경기도교육청이 한 해 갚아야 하는 채무 원금과 이자가 3000억 원에 달한다고 합니다. 그러면 교육청에서 무슨 사업을 제대로 할 수 있겠습니까? 그렇다고 하던 무상보육을 중단할 수도 없는 일이지요.

저는 이 문제를 도교육청이 아니라 정부에 항의해야 한다고 생각합니다. 정부에서 예산을 마련해야지요. 4조 원 넘는 돈이라 덩치도 크고, 4대강이나 자원 외교에 쓰인 수십조 원의 돈이 이러한 복지예산으로 집행되어야 할 것입니다. 각 시도별로 어린이집 연합회 등은 도교육청에서 항의 집회를 열지만 4조 원이 넘는 예산을 지방이 떠안기에는 너무 벅찹니다.

각 시도교육청 예산 중 경직성 경비^{인건비 등 고정비용}는 약 70%입니다. 나머지 30%의 돈으로 학교의 신·증설, 교육 환경 개선을 위한 비용, 법정 정원을 위한 신규교사 채용 등을 하죠. 그런데 그 30%의 돈 중에서 3분의 1이 누리과정 예산이면 결국에는 우리 공교육의 질 저하가 염려됩니다. 학교시설과 관련하여 추가로 말씀드리면 지금 열악한 시설의 학교가 전국에 엄청 많습니다. 안전관리 기준에서 D등급 받은 학교들을 말하는데요. 이 학교들 정말 빨리 새로 지어야 합니다. 세월호처럼 사건 터지고 나서 소 잃고 외양간 고치지 말고 아이들의 안전을 위해 노후화된 학교 건물들 새로 지어야 합니다.

누리과정의 재원은 정부의 예산으로 충당해야 합니다. 지방정부가 떠안기에는 덩치가 너무 커요. 어린이집 연합회 측에서도 도교육청에 항의할 것이 아니라 정부에 항의해야 한다고 생각합니다. 또 한 가지는 학부모들의 입장입니다. 홍준표 도지사가 무상급식을 지원할 수 없다고 했을 때 누가 들고 일어났습니까? 바로 학부모들이었죠. 무상보육도 마찬가지입니다. 혜택이 학부모들에게 돌아간다면 학부모들이 함께 시위해야 하는 것 아닌가요? 어린이집 연합회에서 학부모를 대신해서 시위해주고 있는 건가요? 우여곡절 끝에 누리과정 예산은 2016년 12월 2일 '누리과정 특별회계'가 국회를 통과하면서 한숨을 돌린 상태입니다. 국회는 2017년부터 3년간 한시적으로 정부가 매년 누리과정 예산 8600억 원을 지원하는 유아교육지원 특별회계법을 통과시켰습니다.

공유지의 비극이라는 말이 있습니다. 어느 동네에 사유지 풀밭이 있고 공유지 풀밭이 있었는데요. 사람들이 자기 풀밭에는 소를 풀어놓지 않고 공유지에만 너도나도 소를 풀어 놓은 거예요. 결국 이 공유지는 풀이 하나도 남아나지 않아 황무지가 된다는 경제학 이론입니다. 국민이 내는 세금이 정확하게 쓰일 곳에 쓰이는지 당국에서는 관리 감독도 철저히 해야 할 것입니다.

자유학기제,
인생을 배우는 과정으로

2016년부터 시행된 자유학기제는 한 학기 동안 시험으로부터 해방되어 자신의 꿈과 끼를 살려 진로를 탐색하게 하는 교육 프로그램입니다. 저는 '배움의 공동체'라는 밴드에서 활동하는데요. 약 200분의 선생님이 가입되어 있습니다. 이곳에서 자유학기제 전면 시행 전에 이런 설문조사를 해보았습니다. "2016년부터 모든 중학교에 자유학기제가 도입되는 것에 대하여 어떻게 생각하십니까?" ① 도입해도 무리가 없다, ② 모든 중학교에서 실시하긴 여건상 너무 이르다, 둘 중 하나의 답변을 선택하도록 했는데, 결과는 ①번 24%, ②번 76%로 나왔습니다. 자유학기제 시행에 필요한 학교 현장의 준비가 미흡하다는 결과지요.

자유학기제는 2013년 42개 중학교에서 시범운영을 시작했고, 2014년에는 811개 중학교에서 자유학기제를 시행했습니다. 2015년에는 1학기 49개 학교, 2학기 2,253개 학교로 확대되어 전체 중학교의 72%가 시행했습니다. 2016년부터는 모든 중학교에서 전면 시행하고 있습니다.

자유학기제 시행 방법은 오전에는 국영수, 사회, 과학 같은 주요 과목 수업을 진행하고 오후에는 동아리 활동문예 토론, 라인 댄스, 웹툰 제작, 과학 실험, UCC 제작 등, 예술 체육 활동국악, 연극, 영화, 만화·애니메이션, 사진, 스포츠클럽 활동 및 선택 프로그램으로 창조적 글쓰기, 한국예술 발견, 드라마와 문화, 미디어와 통신 등, 진로체험 활동진로캠프 참여, 부모님 직장 탐방, 전일제 진로체험, 명사 특강 청취 등 등을 진행하는데, 각 학교 실정에 맞게 교육과정을 편성하여 운영하게 되어 있습니다.

외국은 아일랜드가 비슷한 제도를 시행하는데, 중학교 졸업 후 고등학교 가기 전에 전환학년제를 운용합니다. 전환학년제는 희망자에 한해서 1년간 자신의 진로 탐색 활동을 하도록 교육합니다. 2011학년도의 경우 574개 학교에서 30,535명이 참여하여 참여 학교 수로 보면 전체 중등학교의 81%에 달한다고 합니다. 다른 점이 있다면 우리는 교육과정 내에서 자유학기제를 운용하고, 아일랜드는 중학교 교육과정을 마친 후 시행한다는 것이죠.

덴마크는 '애프터 스콜레'라는 인생학교를 운영합니다. 인생을 배우는 학교 또는 인생을 어떻게 살아야 할까를 고민하는 학교지요. 중학교를 마치고 곧바로 고등학교에 진학하지 않고 1년간 애프터 스콜레에 가서 자기가 좋아하는 것을 마음껏 해보는 겁니다. 아일랜드의 전환학년제랑 비슷하죠. 덴마크 학생 3명 중 1명이 애프터 스콜레를 거쳐 고등학교에 진학합니다. 덴마크 전역에 250여 개의 애프터 스콜레가 있는데, 기숙학교라서 대부분 농촌 지역이나 지방 소도시에 있어요.

요즘 우리나라는 작은 학교 살리기 운동이 한창인데, 시골 학교들을 무방비로 폐교할 것이 아니라 덴마크처럼 장기적으로 인생학교를 운영하는 공간으로 활용하면 좋을 것 같습니다. 앞으로 우리나라도 인생학교나 인생설계학교 열풍이 불 것으로 생각하는데요. 앞만 바라보고 공부하다가 고3이 되어서 어디로 진학할까 고민하고, 그러다가 성적에 맞춰 대충 학과를 결정하면, 대학에 진학해서도 내가 올바른 길을 가고 있나 또 고민하죠. 이런 학생이 부지기수입니다. 대학생의 35%가 휴학을 하는 게 현실입니다. 앞만 보고 달려오다 보니 막상 대학을 졸업하고 나면 갈 곳이 없는 거죠.

자유학기제를 단순하게 생각하면 "왜 공부를 시키지 않고 놀게 하느냐?"는 의문을 가질 수 있습니다. 그러나 자유학기제는 중학교 전 학년에 프로젝트 수업을 도입하겠다는 것이 원래 취지입니다. 국영수사과 등 주요 과목에서 프로젝트 수업을 하고, 이것을 동아리 활동이나 진로체험 활동과 연계하자는 것이죠.

따라서 자연스럽게 선생님의 역할이 중요해집니다. 수업 방식이 같이 변해야 자유학기제 시행도 성공할 수 있습니다. 학교에서의 수업 문화를 바꾸어 보자는 것이죠. 단순히 아이들이 어디에 가서 직업 체험하는 것을 자유학기제로 이해한다면 실패할 것입니다. 그래서 자유학기제에 대한 올바른 인식이 중요하지요.

교육개혁을 올바로 인식하고, 개혁 방향이 옳다면 적극적으로 수용하여 자기 것으로 만드는 것이 필요합니다. 지금까지 학교에는 수많은 개혁이 이어졌습니다. 그중에는 성공한 것도 있고 실패한 것도 있지요. 교육개혁을 한다고 하면, 그것을 대하는 교사들의 반응은 세 가지로 나타납니다. 하나는 학교 현장에 맞게 새롭고 창의적으로 적용하는 쪽, 두 번째는 그 제도를 그냥 최소한으로만 따르는 경우, 세 번째는 자신들이 원치 않던 개혁이니 이를 방해하는 것이죠. 현장의 목소리에 귀를 기울이는 교육정책이 필요합니다.

몇 가지 점에서 자유학기제는 정착에 어려움을 겪고 있습니다.

첫째는 입시 부담이 있는 상태에서 잘 시행될 수 있을까 하는 점이에요. 우리나라 현실은 여전히 입시를 위한 공부를 강조하는 문화입니다. 그래서 자유학기제를 반대하는 사람들은 고등학교가 영재학교다 특목고다 해서 서열화되어 있는데 한 학기 동안 길거리를 방황하다 돌아올 여유가 없다고 말하지요. 일부 학부모 중에는 자유학기제를 자유 사교육 기간이라고 말하기도 합니다. 그런데 우리는 이 문제를 냉정히 생각해야 합니다. 바로 '미래의 학력'이라는 것입니다. 미래 사회가 요구하는 인재는 어떤 인재인가를 생각해봐야죠. 미래 사회는 융합형, 통합교과형 지식이 중요한 시대이므로 단순 암기형 지식 습득은 의미가 없습니다. 앞으로의 입시도 그런 방향으로 바뀔 테고요.

두 번째는 예산문제입니다. 학교마다 자유학기제로 평균 약 1700만 원 정도가 지원되는데, 이 돈은 프로그램 운영비로 쓰이기 때문에 자유학기제가 계속되는 한 지속해서 확보·지급되어야 합니다. 자유학기제를 성공적으로 정착시키기 위해서는 예산의 지속적인 지원이 중요합니다.

세 번째로 자유학기제는 지역사회와의 연계가 중요합니다. 그런데 지역사회에 체험학습 시설이 제대로 갖춰져 있는가 하는 문제가 남죠. 또 지역 내 일반 회사와의 협력시스템도 만들어야 하죠. 이제는 우리 아이들을 마을공동체가 함께 키운다는 생각을 해야 할 것 같습니다.

가장 중요한 건 선생님들의 마인드입니다. 선생님들이 어떻게 수업을 변화시키는가가 자유학기제 성공의 핵심이지요. 이러한 선생님들의 노력은 소프트웨어에 비유할 수 있습니다. 제도라는 하드웨어도 중요하지만 의식이라는 소프트웨어가 잘 돌아가야 무슨 일이든 성공하겠죠. 교육부는 자유학기제가 지속적이고 발전적인 교육 모델로 정착하기를 기대하고 있습니다. 그래서 '자유학기제 진로체험협의회'라는 정부 내 중앙부처 및 산하 공공기관이 함께하는 기구도 만들었고요. 2015년 12월부터 시행된 '진로교육법'을 통한 공공기관의 직업체험 제공을 의무화하고 있습니다. 또 KBS미디어, 대한적십자사, 전경련, 중소기업 중앙회

등 민간기관과 자유학기제 지원을 위한 업무 협약도 확대했습니다. 진로체험처를 5만 개 기관, 10만 개 프로그램으로 늘려 자유학기제와 연계할 예정이고요.

자유학기제에 대하여 긍정적인 의견을 가진 학부모를 만났는데요. 자유학기제를 시행하기 전에는 학교에 대해 거의 말이 없는 내성적이었던 자녀가 자유학기제를 하고 나서 학교에서 활동하는 교과체험, 진로체험 등에 대해 많은 이야기를 하는 등 눈에 띄게 표현력이 좋아졌고, 교우관계에 관해서도 이야기를 많이 한답니다. 그러면서 아이가 외향적으로 변한 것이 학교에서 학생 활동 및 참여형 프로그램 수업 때문인 것 같다며 매우 긍정적으로 말씀하시더군요.

수도권에서는 인생설계 학교를 만들려는 시도를 많이 하고 있습니다. 의정부 교육지원청에서는 '꿈이룸 학교'를 운영합니다. 주말을 이용하여 학생이나 학교 밖 청소년 누구든지 참여해서 활동하는 학교인데요. 아이들이 스스로 모여서 기획하고 활동하면서 밝은 얼굴로 자존감을 회복해가는 모습이 아름다웠습니다.

지금 우리나라에는 학교 밖 청소년이 27만 명이나 됩니다. 특히 도시 지역에 많지요. 따라서 각 교육지원청에서는 의정부의 사례에서 보듯이 이들을 품을 수 있는 프로그램을 개발하고 운영하여 학교 밖 청소년이 범죄에 노출되지 않도록 대비할 필요가 있습니다. 이것은 청소년을 보호하는 일이기도 하지만 장기적으로 보면 우리 사회를 건강하게 만드는 일이기도 합니다.

서울시교육청에서는 '오디세이 학교'를 운영합니다. 2015년 4월에 고등학교 1학년을 대상으로 40명의 신입생을 모집했습니다. '삶의 의미와 방향 찾기'라는 비전을 가지고 각종 프로그램을 운영하고 있지요. 용인과 일산에서도 2016년에 설립한 학교가 있는데 이 학교들은 오디세이 학교와는 다르게 공교육 틀에서 빠져나와 1년간 자체 프로그램으로 운영되는 학교입니다. 학력 인정이 되진 않지만 아이들 스스로 1년간 학교를 쉬면서 자신의 인생을 생각해보는 시간을 갖는 거죠.

'꽃다운 친구들'은 1년짜리 방학을 가져보자는 프로그램입니다. 꽃다운 친구들에서는 가정을 상대로 상담합니다. 부모님과 아이가 같이 가서 두세 시간 상담을 받고 '1년간 해보자'라고 결정하면 운영진들과 같이 1년간 방학을 보냅니다. 그렇다고 무조건 노는 것은 아니고 월요일과 목요일은 함께 모여서 프로그램 활동을 하고 나머지는 학생 스스로 또는 가정 자체의 계획하에 방학을 보내지요. 긴 인생에서 1년쯤 쉬어 간다고 그렇게 늦어지는 건 아니라고 생각합니다. 무작정 속도를 내서 달리다가 방황하는 것보다는 천천히 가더라도 내가 어디로 가야 하는지 뭘 좋아하는지 알고 좋아하는 걸 하면서 가는 게 훨씬 값진 인생이 되겠지요.

'꿈틀리 인생학교'는 기숙하면서 인생을 설계하는 학교입니다. 덴마크의 애프터 스콜레를 본떴습니다.《우리도 행복할 수 있을까》의 저자이자 《오마이뉴스》의 오연호 대표가 만든 학교인데요. 강화도 오마이스쿨에서 2016년 2월 22일에 개교했고, 40명 모집해서 운영을 시작했습니다.

'인생은 짧고 예술은 길다'고 하는데, 요즘은 '인생도 길고 예술도 길다'고 할 수 있죠. 기나긴 인생길 누구나 헛되이 보내고 싶지는 않을 것입니다. 어느 청소년에게 물어보아도 인생을 그냥 막살고 싶은 아이는 단 한 명도 없습니다. 인생학교는 자신이 주인이 되어 살아가는 인생을 만들자고 아이들에게 호소하는 것입니다.

말도 많고 탈도 많은
학생부 종합전형

학생부 종합전형은 2018년 대입에서 대폭 확대될 전형입니다. 학생부 종합전형으로 뽑은 인원이 2016년 4년제 대학은 23.6%였지만 서울 시내 주요 15개 대학은 40%를 넘었습니다. 서울대는 75%를 학생부 종합전형으로 뽑았으며, 79%까지 늘릴 예정입니다. 학생부 종합전형을 반대하는 학부모도 많은데요. 아이들 공부 스트레스를 줄인다더니 오히려 애들 목을 죄는 짓을 하고 있다며 학생부 종합전형 확대 반대 청원을 위한 온라인 서명까지 벌였습니다. 학생부 종합전형의 찬성과 반대 각각의 입장을 정리해보았습니다.

학생부 종합전형을 시행하기 전에는 입학사정관 전형을 시행했습니다. 입학사정관 전형은 지원자가 고등학교 재학 중 수행한 활동을 입학사정관이 심사하여 합격자를 선정하는 전형이죠. 그러나 학생부 종합전형은 평가 항목이 다릅니다. 입학사정관 전형은 특정한 분야에서 뛰어난 능력을 갖춘 학생을 뽑기도 했습니다. 그래서 2010년에는 춘천의 모 고등학교에서 오로지 곤충에만 관심이 있던 학생이 학교 성적은 아주 낮은 등급이었지만 연세대에 합격했지요.

학생부 종합전형의 찬반 논란

찬성 이유	반대 이유
1. 수업이 바뀐다.	1. 학교 활동에서 동아리 등 특별활동의 순수성이 사라질 것이다.
2. 동아리 활동 봉사 활동 창의적 체험 활동 등 비교과 활동이 활성화된다.	2. 제도의 보편화가 불가능하다. 무한정 학생부 종합전형 확대는 불가능하다.
3. 지방과 일반고를 살리는 제도다.	3. 독특한 학생부·자기소개서·추천서 경쟁의 끝이 안 보인다. 나중에는 별 풍선 놀이처럼 보여주기 식이 될 수도 있다.
4. 수능은 학교 교육을 파행시켜 왔기 때문에 학생부 종합전형으로 가야 한다.	4. 교사의 업무 부담 폭증. 비서를 채용해야 할 지경까지 될 수도 있다.
5. 수능은 재수생에게 엄청 유리하다.	5. 학생부 종합전형은 금수저와 흙수저 사이에 뱁새 황새 게임이 될 소지가 많다.
6. 예체능 교육이 살아난다.	6. 최근 소논문 사태에서 보듯이 모두 금지하고 나면 나중엔 사지 잘리고 몸뚱어리로만 하는 전형이 될 가능성도 있다.
7. 진로 탐색에 유리하다.	7. 휴학생 복귀를 막는 제도다.
8. 입시가 단순히 객관성·공정성 확보라면 학력고사나 수능이 최고일 것이지만 교육의 과정을 생각하면 학생부 종합전형이다.	8. 재수생 같은 패자부활전이 없는 제도다.
9. 수능은 학생의 창의력보다는 암기력만 발달시킬 뿐이다.	9. 부모의 경제력이 입시에 영향을 미친다.
10. 수능은 혁신학교 수업 등 각종 프로젝트를 위축시킨다.	10. 실제로 자사고, 특목고, 강남 3구 일반고가 학생부 종합전형을 휩쓸고 있다.
11. 수능이 진짜로 대학 수학능력을 평가하는가? 학생의 학업 성취도를 평가하는가? 완전한 의미에서 수능은 공정하지 않다.	11. 일반고에서 될 학생에게 스펙을 몰아주는 현상이 비일비재하다.
12. 점수로 뽑는 수능은 대학 서열을 더욱 공고하게 한다.	12. 비교과의 사교육 시장 의존으로 사교육이 더 늘어난다.
13. 결국, 학생부 종합전형은 고교교육 정상화에 기여하는 제도다.	13. 평가의 객관성·공정성 확보가 어렵다.
	14. 학생부 조작이 횡행한다.

학생부 종합전형은 입학사정관 전형과는 달리 여러 분야에 걸쳐 우수한 능력을 보인 학생을 선발합니다. 종합적인 능력을 중심으로 선발한다는 뜻인데, 여기서 말하는 종합적인 능력에는 학업 역량, 전공 연관성, 발전 가능성, 인성과 공동체 의식 등을 가리킵니다. 이것도 대학마다 어디에 방점을 두느냐에 따라 달라서 일괄적으로 정리하긴 어렵죠. 그래서 학교는 학생부에 다양한 활동을 모두 기록할 수 있도록 신경을 써야 합니다.

입학사정관 전형과 학생부 종합전형을 비교할 때 학생부 종합전형에서는 교과 세부 능력 사항이 엄청 중요해졌습니다. 단순히 내신 몇 등급을 맞았는지가 중요한 게 아니라 수업 시간에 어떤 활동을 하고, 자신의 지적탐구를 어떻게 전개해 나갔는가가 중요합니다. 수업 시간의 활동에 중점을 두기 때문에 공교육의 정상화에 기여한다고 볼 수 있습니다.

수업 시간과 연계하여 수상 실적이나 동아리 활동, 다양한 조별 과제나 소논문 작성, 세부 능력 및 특기 사항 등을 통해 심층적이고 입체적으로 분석하는데, 지원 학과와 밀접한 관련이 있는 교과목이나 활동을 중심으로 판단하는 경우도 많으니까 지원 분야를 미리 결정하고 접근하면 더 좋겠습니다.

학생부 종합전형은 중학교 때의 자유학기제와 연동되어 시행되는 것이 바람직합니다. 중학생 시절 자유로운 탐색을 통해 자신의 꿈과 적성을 파악하여 진로를 결정하고 고등학교 시절 그 꿈과 관련된 활동을 하면 잘 연계할 수 있을 거예요.

그럴수록 학교 수업이 가장 중요합니다. 혁신학교니 행복씨앗학교니 이런 모든 학교가 궁극적으로 지향하는 바가 결국은 수업 개선입니다.

일회성 행사를 나열하는 것은 혁신학교의 본질에서 벗어납니다. 따라서 학생부 종합전형은 또 다른 측면에서는 혁신학교가 추구하는 방향과도 맞아떨어집니다.

수업의 방향은 다음과 같이 정리할 수 있습니다.

첫째, 일방적·전달식 수업 방식이 아닌 교사와 학생 간 양방향 수업을 통해 학생들에게 다양한 학습 경험과 의미 있는 학습 기회를 적극적으로 제공해야 합니다. 물론, 이러한 내용이 반영된 학생부가 좋은 평가를 받을 수 있겠죠.

두 번째로는 학생들이 교과 수업에 능동적으로 참여하고 학교에서 다양하게 제공하는 수업 활동발표, 토론, 과제, 독서, 쓰기, 읽기, 탐구, 모둠 활동, 실험, 실습 등에서 결과뿐만 아니라 과정에 담긴 학업 소양, 태도, 적극성, 탐구 능력, 협력 수업 등 의미 있는 노력이 잘 나타났는지가 종합적으로 상세히 나타나야 합니다. 이러한 수업이 지향하는 바는 학생들의 능동적 참여이고, 그것이 학교 교육을 살리는 길이 될 것입니다.

셋째, 학생들이 학습 및 여러 활동에서 성취하는 과정을 잘 지도하고 관찰해야 합니다. 학생이 개념을 정확하게 인지하고 깊이 있게 이해했는지, 다양한 사고력을 향상시켜서 학습 역량이 성장하고 발전한 내용을 학생부에 담아야 합니다.

학생부를 기록, 평가, 판단할 때 가장 많이 언급되는 용어는 '학습 역량'입니다. 즉, '학습하면서 단순히 지식을 축적하고 암기하는 수준이 아니라 지식을 창의적이고 논리적으로 활용할 수 있는 사고 능력을 갖추는 것'을 의미합니다. 가르치고 전달하는 한 방향 학습이 아니라, 학습에 대한 동기부여 및 분명한 목표를 세우고 이를 이루기 위한 구체적 계획이 있어야겠죠. 그리고 적극적이고 자기 주도적인 양방향 학습활동을 함으로써 학습에 대한 과정과 결과가 성취로 연결될 때 이것이 바로 의미 있는 우수한 학습 역량을 갖춘 것이라고 할 수 있습니다.

이렇게 세밀하게 챙기기 위해서는 선생님들이 수업 준비를 철저히 해야겠지요. 학생부에 한 글자라도 더 써넣기 위해서, 그리고 한 학생이라도 놓치지 않기 위해서 선생님들께서 애쓰셔야 할 부분입니다.

여러 대학에서 발표한 학생부 작성의 좋은 예는 다음과 같습니다.

"학습에 대한 동기가 매우 강하고 학습 태도가 바른 학생으로, 토론 수업을 할 때 토론 주제와 토의 안건을 세우기 위해 책을 읽은 뒤 예상 질문을 작성하고 저자와 인터뷰를 통해 의미 있는 안건을 발췌하는 등 적극적으로 토론 수업에 참여하고 최종 보고서를 작성하여 훌륭하게 발표함."

"수업 시간에 잘 듣고 적극적으로 발표해서 가르치는 것이 즐거운 학생이다. 주어진 과제를 자기 나름대로 끈기 있게 도전하여 해결하였다. 수업에 가장 열심히 참여한 학생이다. 한 학기 수업 후 영어 문학 작품을 다루고 토의하고, 에세이를 쓰고 발표할 수 있는 능력을 갖추게 되었다."

"소그룹 토의에서 협력 수업을 통해 사전에 학생들의 질문을 받아 토의 준비를 잘하는 준비성을 보여주었고, 때로는 비판적 사고와 차분한 답변으로 토의를 잘 마무리하는 성숙함을 보여주었다."

"동아리 장으로 팀원들을 이끌며 함께 합성 생물학 관련 연구를 수행함. 참고 자료를 찾아 읽으며 실험 설계에 관한 아이디어를 활발히 제시하고 실험에도 적극적으로 참여하였음. 실험이 예상대로 진행되지 않거나 계획에 차질이 생겼을 때 문제를 해결하고자 솔선수범하여 팀원들의 협력을 이끌어냄."

"학교 앞 공원의 진달래꽃 식물을 집중적으로 조사하였음. 조사지를 여러 차례 방문하여 시간에 따른 식물의 변화를 관찰하였고, 식물도감 등을 참고하여 식물 종을 추론해냄. 특히, 시간이 지나면서 식물의 꽃 잎 색깔이 변하는 것을 보고 이 현상에 대한 관심을 가져 관련 자료를 찾아보고 실험 등을 해보면서 이 현상의 원인을 추론한 바 있음."

면접관들이 학생부에 적힌 것을 구술 면접 과정을 통해 확인합니다. 앞의 사례 중 면접관이 확인할 부분을 발췌하면 다음과 같습니다.

'저자와 인터뷰를 통해 의미 있는 안건을 발췌하였다', '영어 문학 작품을 다루고 토의하고 에세이를 쓰고 발표할 수 있는 능력을 갖추게 되었다', '소그룹 토의에서 협력 수업을 통해 사전에 학생들의 질문을 받아 토의 준비를 잘하는 준비성을 보여 주었고', '동아리 장으로 팀원들을 이끌며 함께 합성 생물학 관련 연구를 수행함, 그리고 식물의 변화를 관찰하였고, 식물도감 등을 참고하여 식물 종을 추론해냄' 이런 부분을 면접 과정을 통해 학생의 역량을 확인하는 것이죠.

학생부 종합전형이 확대되면서 학교 현장에 명암이 나타나고 있습니다. 학교가 역동적으로 움직인다는 것은 좋은 면입니다만, 그 정도가 지나쳐 그늘이 많이 나타나고 있습니다. 예를 들어 강남의 한 일반 공립고에서는 소논문을 쓰기 위해 대학교수와 연계하여 작업하는 비용으로 한 팀당 400만 원 내외를 학생들에게 부담하도록 했는데, 이렇게 과도한 스펙 경쟁이 무차별적으로 나타나면서 강특자에 유리한 전형이라는 말이 나오고 있습니다. '강특자'는 강남 지역 일반고와 특목고, 자사고를 가리킵니다. 결국 이 전형이 본래의 취지와 다르게 부모의 사회·경제적 배경에 영향을 받는 대학 입시가 아닌가 우려된다는 것이지요. 그래서 요즘 학생들 사이에서는 학생부 종합전형은 음서제, 수능은 과거제란 말이 나오기도 합니다.

학생부 종합전형 자체는 공교육의 정상화라는 측면에서 바람직하지만, 그것이 대학 입시에서 합격이라는 티켓과 관련이 되는 순간 변질된다는 점이 문제입니다. 수도권 16개 대학에서 뽑는 학생부 종합전형의 비율이 50%에 육박합니다. 서울대는 자그마치 75%를 학생부 종합전형으로 뽑고요. 이렇게 학생부 종합전형이 늘어나다 보니 너도나도 학생부 종합전형을 위한 활동에 매달리고 사교육 시장까지 영역이 넓어졌습니다. 제가 이런 문제점을 지적한 〈학생부 종합전형이 확대되면 안 되는 이유〉라는 칼럼 일부를 소개합니다.

사교육과 학생부 종합전형을 생각해본다. 얼핏 보기에 사교육을 유발하는 것은 영어나 수학 같은 교과 지식을 쌓는 것 때문이라고 생각되어진다. 그러나 학생부 종합전형의 보편화는 전방위적인 사교육의 확산이 나타날 것이다. 특히, 알짜배기 사교육이 서울을 중심으로 더욱더 판을 칠 것이다. 이제 학생 한 명에 사교육 담당자가 1:1로 붙어서 코칭해주는 사교육이 더 기승을 부릴 것이다.

서울의 몇몇 학원가에서는 학생부 종합전형이 시행되면서 고등학교 선생님 즉, 진로·진학 담당 교사를 모셔가는 학원이 많아졌다는 이야기도 들립니다. 이 선생님들을 모셔다가 무엇을 하겠습니까? 학생들을 1:1로 관리하겠지요. 또 학생들이 스펙을 쌓기 위해 대학교수와 연계하여 소논문을 쓰는데, 이공계 박사 학위를 받고 대학교에 출강하는 시간강사를 교수로 포장하여 학부모에게 접근하는 등 학생부 종합전형이 확대되면서 안 좋은 면들이 드러나고 있습니다.

예를 들어 교내경시대회에서 상을 타는 것이 중요한 스펙이면 그 대회를 위한 사교육이 번성하는 식이죠. 결국, 사교육이 번성한다는 것은 사교육비를 감당할 수 있는 사람만 더 이득을 보는 구조가 됩니다. 대한민국 교육개혁은 사교육과의 전쟁의 역사라고 해도 과언이 아닙니다. 2000년대 초부터 사교육비 경감 정책을 시행하면서 공교육에 엄청나게 투자를 했습니다만 여전히 사교육은 잘 잡히지 않습니다.

다음으로 저는 이 학생부 종합전형 사태를 '모호성'이라는 측면에서 접근해보았습니다.

> 학생부 종합전형은 모호한 경쟁이 되기 쉽다. 명확하지 못한 기준으로 대학 입시가 이루어지면 많은 사람의 공분을 산다. 이러한 예는 시골 마을의 싸움과 주주총회의 싸움으로 비교해볼 수 있다. 돈이 걸린 주주총회의 싸움과 자존심이나 묘한 경쟁심이 걸린 시골 마을의 싸움 중 어느 싸움이 더 격렬할까? 주주총회 싸움은 명약관화明若觀火하다. 끝이 보이기 때문이다. 그러나 시골 마을의 싸움은 끝이 보이지 않는 안갯속이다. 그러다 보니 냉장고 음료수에 농약을 타는 것이다. 학생부 종합전형이 취지는 좋지만 지나치게 확대되면 이해하지 못하는 학생과 학부모가 엄청 양산될 것이다. 한국 사람들이 제일 싫어하는 것이 불확실성이다. 학생부 종합전형은 이러한 우리 국민의 성향에 기름을 붓는 격이다.

대학 입시에서 국민은 자로 잰 듯한 기준으로 선발하기를 요구합니다. 입학사정관제로 출발한 학생부 종합전형이 처음에 소수를 선발할 때는 이의를 제기하지 않았습니다만 그것이 전방위적으로 확대되면서 국민의 따가운 눈총을 받는 것이죠. 더군다나 2016년 하반기를 달구었던 이화여대의 입시 비리 사건을 보면, 대학 측이 마음만 먹으면 얼마든지 학생부 종합전형을 가지고 장난칠 수 있겠구나 하는 생각도 듭니다. 또 광주 모 여고에서는 학생부 조작 사건이 벌어지기도 했습니다. 이런 사건들은 학생부 종합전형을 뿌리부터 흔들고 있습니다. 학생부가 조작된다면 이를 기반으로 하는 입시 전형도 당장 폐지되어야 합니다. 학생부 종합전형에서 특히 강조하는 평가가 정성평가입니다. 서류나 면접을 정량적으로만 평가하는 것이 아니라 그 안에 담긴 의미를 찾아내는 정성적인 면을 가지고 사정을 한다는 것인데요. 제대로 시행된다면 좋은 제도이지만 악용될 소지도 있는 제도입니다.

이 밖에도 학생부 종합전형의 문제점은 더 있습니다.

 학생부 종합전형은 모든 경쟁을 교내로 끌어들여 구성원 간 공동체 의식에 상처를 받을 것이다. 지금도 내신 때문에 학교 내 경쟁이 치열하다. 그러나 학생부 종합전형이 생겨난 이후 이제 성적뿐만 아니라 비교과 활동도 경쟁해야 한다. 다 함께 잘하면 된다고 주장하는 사람들이 있지만 그렇지 않다. 동아리를 만들어도 회장을 해야 학생부 종합전형에서 유리한데, 모두가 회장을 할 수 있는 건 아니다. 수능이 경쟁이라면 열심히 공부해서 수능을 함께 잘 보면 된다. 그러나 학생부 종합전형은 내 옆 친구보다 앞서나가야 학생부에 기록될 수 있다. 한 번이라도 선생님의 관심을 더 받아야 학생부에 기록될 수 있다.

학생부 종합전형 사태도 결국은 학생부 하나로 모든 교육 문제, 즉 입시 문제를 해결하려고 한 데서 문제가 발생했습니다.

학생부 종합전형은 미래 인재를 키우기 위한 전략에 맞는 입시다. 그러나 이 전형의 무분별한 확대는 교육계의 혼란으로 사회적 고통과 비용을 초래할 것이다. 따라서 학생부 종합전형을 적정한 규모로 유지해야 한다. 그리고 이참에 대학별 본고사도 함께 여는 방안을 생각해 보아야 한다. 미래 사회가 요구하는 인재는 학생부 종합전형 식의 인재도 필요하고 본고사형 인재도 필요하다고 본다. 우리의 교육정책이 3불 정책 즉, 기여 입학제 금지, 고교등급제 금지, 본고사 금지 정책에 너무 얽매여 온 점이 많은데, 특히 이 3불 중 본고사 금지 정책의 경우는 나머지 2개와는 다른 접근이 요구된다고 할 수 있다. 기여 입학제와 고교등급제는 사람을 차별하는 몹시 나쁜 정책이지만 본고사 금지의 경우는 사교육을 잡는다는 명분으로 3불에 포함되었지만 그렇게 하여 사교육이 잡혔다고 자신 있게 주장할 사람은 거의 없다. 사교육은 사람들의 기대 욕구에 따라 생겨나는 것이지 입시 제도를 바꾼다고 줄어드는 것이 아니다. 따라서 이 시점에서 학생부 종합전형도 열고 대학별 본고사도 열어서 우리 학생들이 각자의 취향에 맞게 대학을 가도록 해야 할 것이다. 이렇게 되면 학생부 종합전형으로 대학을 가는 학생, 논술로 대학을 가는 학생, 수능을 잘 봐서 대학을 가는 학생, 수능에는 비록 실패했지만 본고사를 잘 봐서 대학을 가는 학생 등 그 길이 다양해질 것이며 학생들은 자신의 취향과 적성에 맞는 입시 제도를 선택해서 대학에 가면 되는 것이다.

본고사를 살리자는 주장은 좀 위험한 주장이라 생각할 수도 있습니다. 저는 입시를 저렇게 다양하게 운영하면 학생들이 자신에 맞는 종목으로 대학을 가지 않을까 하는 점을 강조한 것입니다.

당사자에게 물어라. 대한민국은 어떤 문제가 나타나면 정작 당사자들은 제쳐두고 주변에서 더 난리다. 학생부 종합전형의 당사자는 학생들이다. 학생들은 학생부 종합전형에 대하여 어떻게 생각하는지 물어보아야 한다. 교사들이 토론하는 장소에 가보아도 자기들 이야기만 있지 아이들의 의견을 조사한 결과 같은 것은 없다. 대학의 입시관계자나 입학사정관들이야 자신들의 밥줄이나 권한이 확대되는데 당연히 학생부 종합전형의 확대를 주장할 것은 너무 뻔한 이야기다.

학생들을 너무 피동적인 존재로만 여겨서는 안 될 것입니다. 다음 내용은 '공정성'의 측면에서 썼습니다.

　입시의 핵심은 누가 뭐래도 공정성이다. 서울의 강남 아이와 지방의 똑똑이가 경쟁을 한다면 어떻게 하는 것이 공정한 게임인가? 난이도 높은 문제를 제한된 시간 안에 풀어서 합격하는 놈을 뽑으면 된다. 이러한 게임을 가장 싫어하는 사람이 강남의 학부모들이다. 지방의 똑똑이들이 궁둥이 붙이고 앉아 자기 자녀들과 경쟁하는 구조를 치가 떨리게 싫어하는 사람들이 강남의 학부모들이다. 그래서 대한민국의 입시가 이리 흔들리고 저리 흔들려온 것이다. 입시 제도가 좀 바뀌어 지방의 똑똑이들이 따라갈 만하면 또 바뀐다. 이러한 변화의 끝판왕이 학생부 종합전형이다.

학생부 종합전형을 너무 비난했나요? 우리나라 입시는 마치 모닥불 헤집기와 같습니다. 모닥불을 헤집으면 순간적으로 불길이 솟구치는 것처럼, 우리나라 입시 제도는 헤집으면 헤집을수록 수많은 불길이 여기저기서 터져 나오지요. 학생부 종합전형 사태도 문제의 본질보다는 수많은 언론과 시민단체, 정치권과 교육계가 뒤섞여 논란에 논란을 거듭하고 있습니다.

우리는 사교육을
없앨 수 있을까?

누구도 원치 않지만 누구나 다 한다는 사교육. 대한민국은 지금 집단적인 사교육 중독에 빠져 있습니다. 학생은 혼자 공부하면 불안하고, 학부모는 자녀가 과외를 받거나 학원에 가야만 맘이 편하고, 교사는 "학원에서 다 배웠지?"라면서 선행 학습을 부추기고, 교장 등 관리자는 사교육을 받아서라도 좋은 입시 성적을 내는 것이 중요하고, 지자체장은 우리 지역 경제를 살리기 위해서라도 사교육은 필요하다고 생각합니다. 이 무모한 경쟁은 언제쯤 끝날까요?

죄수의 딜레마 이야기 아시죠? 서로를 믿지 못해 최고형을 산다는 이야기요. 마치 우리가 하는 사교육은 죄수의 딜레마와 비슷합니다. 서로를 믿지 못하니까 모두가 피해자인 동시에 가해자인 제로섬 게임입니다. 《이상한 나라의 앨리스》를 쓴 루이스 캐럴의 다른 소설 《거울에 관하여》에서 붉은 여왕이 한 말이 사교육과 비슷합니다. 아무리 달려도 주변 세계가 함께 달리기 때문에 자신은 결국 제자리일 수밖에 없다는 여왕의 말을 사교육에 적용하면 그럴듯하죠. 이우학교에 근무했던 이수광 교장의 비유입니다. 헬스클럽에 가면 러닝머신이 있지요. 러닝머신 위에서는 계속 걸어야 그나마 제자리인데요. 사교육이 꼭 이런 것 같습니다. 또 경기장에서 앞사람이 일어서면 뒷사람도 일어서서 관람해야 하는 구성의 오류로 사교육을 빗대어 말하기도 합니다. 아무튼, 사교육이 우리 사회 전체로 보아서는 비효율적이라는 말인데요.

사교육은 비효율적인 차원을 넘어 우리나라를 좀먹고 있다고 생각합니다. 요즘 뉴스를 장식하는 비리 인사들은 모두가 사교육으로 키워져 왔다고 단언할 수 있습니다. 장관, 차관, 의원, 검사, 수석 등 사회 지도층들이 썩을 대로 썩은 사회가 대한민국입니다. 사교육으로 길러진 인간들은 체질상 눈앞의 돈벌이에만 급급하죠. 사회를 생각하거나 미래를 내다보는 일에는 관심도 없습니다.

사교육이 아이들을 눈앞의 이익에만 몰두하게 한다고 했는데요. 사교육으로 길러진 아이들이 선호하는 학과가 어디일까요? 인문학이나 기초과학 분야는 아닐 것입니다. 왜냐하면, 자기 주도성이 부족한 아이들은 기성세대가 시키는 대로 학과를 결정하기 때문이죠. 기성세대는 대학 졸업 후 바로 취직할 수 있는 의대나 교대 쪽으로 아이들을 인도하죠. 엄마 아빠 세대가 추구하는 안락함을 사교육 세대들은 별 의심 없이 받아들입니다. 사교육으로 길러진 아이들은 인문학을 한다든가 기초학문을 전공할 배짱도 패기도 없습니다.

헬리콥터 맘과 마마보이. 사교육의 진짜 문제는 자기 주도적 학습능력 상실에 있습니다. 초중고 시절 사교육에 의존하던 아이는 대학생이 되어서도 스스로 계획과 결정을 못하고 이리저리 휩쓸립니다. 자기 전공에 확신이 없어 휴학을 밥 먹듯이 하거나 아예 자퇴하고 취직이 잘되는 과로 재입학하기도 하죠. 등 떠밀려 살아온 결과입니다. 자기 주도성을 상실한 아이는 사막에 홀로 서는 것을 두려워하죠.

사교육은 학생들의 자기 주도성뿐만 아니라 창의성도 갉아먹습니다.

시험 잘 치는 아이에게서 창의성은 절대로 나올 수 없죠. 창의성 없는 대학 공부는 또 시험을 치기 위한 공부밖에 할 일이 없죠. 사정이 이러하니 대한민국호는 망해가는 것입니다. 사회를 발전시켜야 할 젊은 인재들이 시험공부에만 몰두하고 있으니까요. 창의적인 사고로 세계적인 인재들과 겨뤄야 하는 백척간두의 시점에 국내에서 제 살 깎아 먹기 식의 지위 경쟁만 일삼으니 우리 사회의 미래가 암울합니다.

역사의 뒤안길로 사라져야 하는 사교육, 무슨 방법이 없을까요? 저는 이 문제가 5년 안에 잡힐 것으로 확신합니다. 이유는 두 가지 인데요. 첫째는 저출산에 따른 인구구조의 변화와 그로 인한 대학 구조조정 때문입니다. 앞으로의 5년은 뼈를 깎는 대학 구조조정이 예상되는데요. 이제 대학다운 대학만 남고 무늬만 대학인 대학들은 다 퇴출당합니다. 이렇게 되면 나타날 현상 중 하나가 대학의 서열화가 완화된다는 것이고 또 하나는 대학들이 자기만의 색깔을 갖기 위한 특성화, 다양화의 길로 간다는 것입니다. 지금까지 대학의 서열화가 공고해진 이유는 대학들의 우후죽순 난립과도 관계가 있었습니다. 대학의 서열이 완화되면 국영수 중심의 사교육이 어느 정도 완화될 것입니다. 그러면 이제 사교육은 학생 자신의 적성과 흥미에 따라 그 소질을 최대한 발휘하는 방향으로 선회할 것으로 예측됩니다. 국영수 중심의 획일적인 사교육, 이제 역사의 뒤안길로 보내버릴 시기입니다.

두 번째는 인공지능과 4차 산업혁명입니다. 앞에서도 언급했지만 사교육의 가장 큰 문제는 자기 주도적 학습능력의 상실에 있다고 할 수 있습니다. 다가오는 미래 사회에는 본인 스스로 문제를 찾아 해결하는 창의적인 인간이 절대적으로 유리한 상황입니다. 이런 시대에는 사교육에 의존할수록 경쟁에서 도태될 것은 자명합니다. 따라서 우리 국민의 사교육에 대한 마인드가 180도 바뀔 것으로 예상할 수 있습니다. 대한민국 국민의 속성 중 하나는, 바꾸기 시작하면 사회도 순식간에 바꾼다는 것입니다. 몇십 년간 우리를 짓눌러온 사교육과의 전쟁 이제 얼마 안 남았습니다.

교육자치의 바탕은
탄탄한 지방교육재정

정부는 지금 세수 감소와 복지 확대라는 진퇴양난에 처해 있습니다. 경기 침체에 따라 세수는 감소하는 반면 복지는 확대됨으로써 쓸 돈은 무한정 늘어나는 구조죠. 이참에 정부는 이렇게 주장합니다. 학생 수는 감소하는데 지방교육재정은 내국세에 따라 연동되어 교부되기 때문에 계속 오른다고요. 따라서 효율성 측면에서 문제가 있다는 것이죠.

현재 내국세 대비 20.27%를 지방교육재정으로 교부하고 있습니다. OECD기준으로 보면 33위에 해당하는 수치죠. 그래서 교육감들은 이 비율을 25.27%로 올릴 것을 주장합니다.

교육감들이 요구하는 이유는 바로 무상보육의 시작 때문입니다. 4조 원에 달하는 무상보육예산 때문에 지속해서 정부와 교육청 간 갈등이 심합니다. 국회에서 지방재정법이 2015년 5월 12일 통과되면서 지방채를 1조 원까지 발행할 수 있도록 법을 개정하면서 문제를 해결했지만, 2017년 12월 31일까지 한시적으로 지방채 발행에 따른 이자를 정부에서 대주는 건 근본적인 대책은 아니지요. 지방채 역시 시도교육청의 빚이니까요.

최근 3년 새 전국 시도교육청의 지방채 발행이 기하급수적으로 늘어났습니다. 2013년 2조 9721억 원, 2014년 4조 7946억 원, 2015년 9조 7011억 원으로 해마다 두 배로 늘어났습니다. 전국 지자체도 부채가 많다고 보도되었는데, 이보다 시도교육청 빚이 더 많아지는 구조입니다. 지금 시도교육청은 전체 예산의 5%를 빚 갚는 데 쓰고 있습니다.

이런 식으로 가다간 파산하는 시도교육청이 나올 것입니다. 전북 김승환 교육감은 본인이 교육감에 취임할 당시인 2010년도에 교육감이 정책적 판단으로 집행할 수 있는 돈이 전체 예산의 14%였다면 지금은 5%밖에 안 된다고 하소연했습니다. 이는 교육자치를 훼손하는 일이기도 합니다.

2015년 지방교육재정교부금법 시행규칙이 개정되어 2016년부터 교부금 산정 시 학생 수 비중을 30.7%에서 38.1%로 늘렸고, 2017년에는 40%까지 확대했습니다. 이것은 농촌의 돈을 빼서 도시로 옮긴다는 말이 되죠. 시도교육청 예산의 목을 조르는 것이 또 있는데요. 바로 '대응투자'입니다. 씨드머니 정책이라고도 하는데요. 교육부가 얼마 투자하면 시도교육청에서 얼마를 투자하는 식의 사업입니다. 그런데 이런 특별교부금은 약 3년이 지나면 지원이 끝납니다. 교육부에서 어떤 사업을 추진하고 3년이 지나면 발을 빼면서 모든 비용을 시도교육청에 떠넘긴 사업이 많습니다. 예를 들어, 초등학교 돌봄 교실 사업, 영어회화 전문 강사 사업, 스포츠 강사 사업 등은 처음에 교육부나 문화관광부와 시도교육청이 반반씩 투자해서 시작했지만 이제는 정부 지원 한 푼 없이 모두 시도교육청 예산으로 지급해야 합니다. 이러한 사업의 인건비에 무상보육까지 떠맡다 보니 지방교육재정은 파탄이 안 날 수가 없는 구조인 것입니다.

2015년 누리과정 지원으로 취소되거나 삭감된 어느 지방교육청 사업을 보면 학교 운영 기본경비 지원에서 119억 원, 학교 신설 및 이전과 수용 시설 확충·증개축에서 44억 원, 특수교육 지원에서 27억 원, 유아교육 지원에서 42억 원, 학교급식 시설 정비에서 196억 원 삭감되어 총 428억 원이 삭감됐습니다. 그만큼 학교 운영이 더 팍팍해지는 거죠.

2015년에는 충청북도 김병우 교육감과 전라북도 김승환 교육감이 '지방교육재정 파탄 어떻게 해결할 것인가'라는 주제로 토론을 벌인 적이 있습니다. 토론회 내용을 살펴보면 지방교육재정 문제가 얼마나 심각한 상태인지 알 수 있습니다.

먼저 지방교육청의 빚이 기하급수적으로 늘어났습니다. 예산총액대비 비율로 보면 2012년 20.3%에서 2015년 30.6%로 늘어났습니다. 이 비율이 40%가 넘으면 지방교육청은 예산편성권을 박탈당하고 교육부장관한테 넘어가게 됩니다. 중앙집권화가 되는 거죠. 그러면 자동으로 교육자치는 사라집니다. 교육감이 예산 편성도 못 하는데 교육자치는 어불성설이죠. 교육청의 지방채 발행은 앞으로 절대 해서는 안 될 것입니다. 다음으로 초중등 교육이 황폐해졌습니다. 교육청 가용예산이 전체 예산의 10% 정도인데, 이 중 상당 부분을 누리과정에 지원하고 나면 남는 것이 없습니다. 어린이집은 분명 보건복지부 담당이니 시도지사에게 지급하라고 해야 번지수가 맞습니다. 세 번째는 학교 교육의 약자들이 피해를 본다는 사실입니다. 교육청 예산이 없어지다 보니 불요불급한 부분부터 줄여야 하는데 그러면 비정규직 등의 대량 해고가 예상됩니다.

다음은 정부의 역량과 재정 건전성이 필요한 이유를 대비되는 두 가지 상황으로 설명해보겠습니다. 무능하고 무책임한 정부는 나라 재정을 집행할 때 이익집단의 기득권을 유지하는 데 투자합니다. 그러면 나라 경제의 잠재적 성장이 둔화하죠. 투자가 골고루 되지 않고 한쪽으로만 쏠리니까요. 그래서 저성장 늪에 빠지고 그에 따라 세수가 줄고, 재정구조가 불건전하니 국민이 정부를 믿지 못하고 무능한 정부 소릴 듣는 악순환이 나타납니다. 이명박 정부 때 대표적 사업인 4대강, 자원 외교, 방산 비리 같은 사업이 정말 나쁜 사업이었죠.

반대로 유능하고 책임 있는 정부는 장기적인 비전을 가지고 효과적이고 좋은 사업에 투자하니 경제가 성장하면서 세수가 늘고 국민의 신뢰가 두터워지죠. 이명박 정부가 4대강, 자원 외교, 방산 비리에 쏟아부은 돈이 100조 원인데 이 돈의 10분의 1이면 반값등록금을 실현할 수 있습니다. 반값등록금이 실현되면 가정 경제에 활력이 돌면서 소비 심리가 살아나고 그러면 경제가 잘 돌아가는 선순환을 이끌어냅니다. 요즘 국민이 모이기만 하면 정치인 욕을 많이 합니다. 그러면서 정치에 혐오감을 가지고 이게 무관심으로 이어지는데 어떤 식으로든 관심을 가지고 나라 살림을 맡은 정치인들을 감시해야 할 것입니다. 우리나라 예산이 자그마치 400조 원인데 이 돈이 어떻게 쓰여야 할 것인지에 항상 감시의 눈초리를 떼지 말아야 할 것입니다.

교육과정 개정,
적어도 10년은 내다 봐야

최근 10년 사이 교육과정 개정 작업이 자주 이루어져 학교 현장의 피로감이 상당한데요. 교육과정을 개정하면, 한 해에 전면적으로 시행하는 게 아니라 첫해는 초등학교 1·2학년, 다음 해는 초등학교 3·4학년, 중1, 고1, 그다음 해에 초등학교 5·6학년, 중2, 고2, 또 그다음 해에 중3, 고3 이렇게 순차적으로 적용하기 때문에 준비 기간에서 교육과정 정착까지 최소 7~8년이 걸리지요.

이명박 정부 때 만든 2009 개정 교육과정이 2015년에야 막 정착됐는데, 이 와중에 교육과정을 또 개정한다니 교사들은 어리둥절할 수밖에요. 전교조 조사 결과를 보면, 초등학교 교사의 94.9% 중등학교 교사의 76.9%가 2015 교육과정 개정에 반대하는 것으로 나타났습니다.

이렇게 반대가 심한데도 교육부에서 교육과정 개정을 강행한 이유는 뭘까요? 우선 이명박 정부 때의 2009 개정 교육과정이 잘못되어 이를 바로잡는 과정으로 볼 수 있습니다. 2009 개정 교육과정 중에 한 과목을 한 학기에 몰아서 수업하는 제도인 '집중 이수제'라는 것이 있었는데 시행하자마자 문제점이 나타나 곧바로 폐기했습니다.

집중 이수제의 문제는 크게 두 가지입니다. 가장 큰 문제는 과목 편식 현상이 나타났다는 거죠. 학기당 이수 과목을 줄여서 집중 이수제로 한다는 것인데요. 생각해보세요. 음악, 미술, 도덕 등의 과목을 몰아서 배우고 만다? 그게 제대로 된 교육은 아니지요. 학생이 전학을 갔는데 이전 학교에서 아직 배우지 못한 걸 그 학교는 벌써 다 배워버렸으면 어떡합니까? 이런 문제가 나타나니까 폐기한 것이죠.

'학교 자율에 따라 교육과정을 20% 범위에서 증감 운영할 수 있다'는 조건도 문제였습니다. 수능에서 국영수 비중이 80~90%를 차지하는데 어떤 과목을 늘리겠습니까? 학생도 학부모도 당연히 국영수를 늘려달라고 하죠. 이러다 보니 국영수 시간만 늘어나게 되었죠. 또 수능에서 사탐이나 과탐은 두 과목만 보는 것으로 하니까 아이들의 과목 편식 현상이 심각했습니다. 미래 사회를 생각하면 아이들이 너무 외곬으로 공부하는 건 아닌지 걱정도 되고요.

그래서 2013년 여름에 올바른 수능 개선안과 관련해 세 가지 안으로 전국 여론조사를 했습니다. 〈1안〉은 현행대로 국영수에 문과는 사탐 두 과목 이과는 과탐 두 과목, 〈2안〉은 1안과 3안의 절충안으로 문과는 사탐 두 과목에 과탐 한 과목 추가 이과는 과탐 두 과목에 사탐 한 과목 추가. 〈3안〉은 문과와 이과가 같게 국영수사과를 다 시험 보는 방안이었습니다.

세 가지 안 중에서 처음에 그냥 끼워 넣은 3안에 대한 지지가 제일 높게 나왔습니다. 이때부터 문이과 통합 교육과정이란 이야기가 나오게 되었지요. 이것이 2015 개정 교육과정이 탄생한 배경입니다.

2015 개정 교육과정안에 따르면 국영수 이수 시간이 50% 이하로 책정되니까 그만큼 학생들은 다양한 과목을 배울 수 있을 것입니다. 또 하나는 미국에서는 지금 통합과학 교과서를 개발 중인데 이 소식 또한

'우리도 뒤질 수 없다 빨리 따라가자'고 생각하게 만들었습니다.

미래는 융합의 시대라고 하지요. 시대적 흐름에 맞는 교육을 해야 한다는 논리입니다. 요즈음 발달한 뇌과학에 기초하여 우리가 배워야 할 과학을 초중고등학교 나선형으로 계열화하여 교과 내용을 만드는 것입니다. 미국은 2010년부터 만들어오고 있습니다. 우리나라는 1~2년 안에 통합사회나 통합과학 교과서를 만들 수 있을지 의문이 듭니다. 대주제 Big idea 중심으로 통합사회나 통합과학 교과서를 만드는 일이 단시일 내에 가능한 것인지 의문이 들거든요.

교육과정이 2000년대 들어 벌써 네 번째 개정인데 미래 사회의 변화에 맞추기 위한 필요성은 알지만 차근차근 준비해나가야 할 것입니다. 통합사회와 통합과학이 2015 개정 교육과정의 핵심이라는 점을 생각하면, 2009 개정 교육과정에서 고등학교에 선택과목만 있었는데 2015 개정 교육과정에서는 공통과정을 만들게 됩니다. 바로 국어, 영어, 수학, 통합사회, 통합과학, 한국사 그리고 과학탐구실험 이렇게 일곱 과목이 공통과정 과목입니다. 고등학생이라면 누구나 배우고 수능에도 출제되는 과목이지요. 2017년 현재 중학교 3학년 학생들이 수능 볼 때인 2021년 수능부터 적용됩니다.

현재는 국영수에 사탐이나 과탐 두 과목이라면 2021년에는 국영수에 통합사회, 통합과학, 한국사, 과학탐구실험 그리고 선택과목에서 한 과목이나 두 과목을 추가 선택해서 시험을 보는 거죠. 당연히 수험생의 부담이 늘 것입니다.

그런데 이 부분은 다른 측면에서 바라보아야 합니다. 현재 수능제도는 국영수로 편중되는 경향이 있었으니 2021년 수능부터는 그 편중이 어느 정도 해소되는 면도 있겠죠. 영어와 한국사를 절대평가로 수능을 보니 통합사회와 통합과학도 절대평가로 보아야 할지 아니면 상대평가로 보아야 할지를 포함하여 2021년 수능 방안에 대해서는 2017년에 최종 발표할 예정이라고 합니다. 학부모님들도 자녀들을 생각하면서 함께 생각해보시기 바랍니다. '과연 10년 후에도 국영수가 그렇게 중요할까?'라고요. 세상은 빠르게 변하고 있습니다. 그 변화에 맞추어 자녀 교육에 대한 패러다임도 확 바꾸어야 할 때라고 생각합니다.

2015 개정 교육과정에 문이과 통합 교육과정을 만들 때 교육과정에 막 헤집고 들어온 것들이 많습니다. 첫 번째는 소프트웨어 교육 강화입니다. 미래창조과학부 요구로 초등학교 실과나 중학교 기술 시간에 소프트웨어 교육을 강화하고 고등학교는 '정보' 교과를 심화선택에서 일반선택으로 전환하여 교육할 방침입니다. 두 번째는 안전교육 강화입니다. 세월호 참사 이후 안전에 대한 국민의 관심이 높아졌는데 이에 따라 초등학교 1·2학년에 '안전한 생활'이라는 과목이 편성됩니다. 세 번째는 한자교육의 활성화입니다. 아무래도 중국, 일본 등 동아시아 문화권 교류에서는 한자를 많이 아는 것이 중요하므로 2019년부터 5·6학년 교과서에 300자가 넘지 않게 표기하는 방안이 확정되었습니다. 네 번째는 연극교육의 활성화입니다. 초등학교나 중학교에서는 국어 교과서에 연극 단원을 삽입하여 가르치고, 고등학교에서는 예술 교과 선택과목에 '연극'을 개설하여 운영할 예정입니다. 마지막으로 정부는 한국사 교과서를 검인정에서 국정으로 바꾸려고 합니다. 검인정에서 국정으로 바꾸는 것은 교육과정 개편 때만 할 수 있거든요. 검인정과 다르게 국정 교과서는 한 권밖에 없는 것이라 역사교육을 정부의 입맛대로 하려는 의도가 있습니다. 결국 정부는 깜깜이 상태로 한국사 교과서를 국정으로 만들어 2016년 11월 28일 발표했습니다. 발표되자마자 각계각층에

서 한국사 국정교과서 폐기를 요구하는 목소리가 컸습니다.

〈2015 개정 교육과정 시행년도〉

2017.3.1. 초등1·2

2018.3.1. 초등3·4, 중1, 고1

2019.3.1. 초등5·6, 중2, 고2

2020.3.1. 중3, 고3

자사고를 통해
교육이 얻은 것과 잃은 것

노무현 정부 때 3불 정책사실 3불 정책은 문민 정부, 국민의 정부 때 만들어진 것임.이라고 있었습니다. 공교육 정상화 3원칙이라고도 하지요. 고교등급제 금지, 기여입학제 금지, 본고사 금지 정책입니다. 그런데 일반고, 자사고, 특목고, 영재고 등등으로 구분되는 걸 보면 고교 간 등급이 매겨지는 느낌입니다. 이명박 정부 때 고교다양화 정책의 하나로 대규모로 자사고를 만들면서 고교평준화 정책의 틀이 깨졌기 때문입니다.

가장 큰 문제는 최근에 인가된 새로운 자사고들입니다. 자사고는 전국 단위 자사고와 광역 단위 자사고로 구분합니다. 학생 모집 단위를 전국으로 하느냐, 그 지역에서만 뽑느냐로 나누죠. 또 재단전입금을 전국 단위 자사고는 20% 이상 내야 하고, 광역 단위 자사고는 서울시와 광역시, 경기도는 5%, 나머지 도는 3% 내야 합니다. 전국 단위 자사고는 민족사관고, 하나고, 상산고, 현대청운고, 포항제철고, 광양제철고, 김천고, 용인외대부고, 천안북일고, 인천하늘고이고 나머지는 모두 광역 단위 자사고입니다.

이명박 정부 시절 고교다양화 정책의 하나로 자사고 숫자를 50개 학교로 팍 늘렸는데, 그중에서 25개 학교가 서울에 집중되었습니다. 2015

년 6월 29일 서울 시내 자사고 교장들이 모여 서울시교육청이 실시한 자사고 평가에서 탈락한 네 개 학교에 대한 청문회를 철회할 것을 주장했습니다. 서울시교육청은 이 청문회에서 자사고로서 유지할 수 있는지 해명 기회를 네 개 학교에 마지막으로 주고 유지나 탈락이냐를 결정하기로 했죠. 하지만 네 개 학교 교장들은 청문회 자체를 반대합니다.

이명박 정부 시절 교육부를 쥐고 흔든 사람은 이주호 씨입니다. 차관에서 장관까지 하면서 우리나라 교육정책을 진두지휘했죠. 그런데 이주호 씨는 교육학자가 아니라 경제학자입니다. 1990년대 5·31 교육개혁에도 위원으로 참여한 적이 있습니다.

이주호 씨가 장관이 되고 나서 처음 한 말이 "우리나라의 교육 문제는 지난 시절의 5·31 교육개혁안을 충실히 이행하지 않은 데서 생겨났다."라고 했습니다. 아니나 다를까 각종 교육정책을 철저한 시장 논리에 따라 추진했고 고교다양화 정책도 그 연장선에 있습니다. 자사고도 그래서 대폭 늘어났죠.

그렇게 늘어난 자사고에 처음부터 문제가 많았습니다. 등록금을 일반고의 3배를 받는데, 첫해 모집에서 대규모 미달 사태가 났습니다. 2011 입학 전형에서 서울 25개 자사고 중 12개 학교가 미달했습니다. 이때 자사고 중 많은 학교가 일반고로 전환 신청을 했는데 일단 보류되었어요.

자사고는 대학등록금에 버금가는 비싼 학비도 문제고, 학생을 선발할 때 중학교 내신 성적 50%에 드는 학생들을 추첨으로 선발하니 우수한 학생끼리 경쟁해 일반고보다 내신 관리하기가 불리했던 거죠. 그런데 처음에 주목받지 못하던 자사고 중 몇몇 자사고의 경우 경쟁률이 높아지면서 흥행에 성공했는데, 이는 외고의 몰락과 관련이 있습니다.

외고를 우등생 입학보다는 외고 본연의 목적 즉, 외국어를 잘하는 인재 양성 쪽으로 교육 목적이 기울자 일반 상위권 중학생들이 대거 자사고로 몰리면서 힘이 쏠렸습니다. 자사고도 이렇게 천차만별인데요. 청문회에 포함된 자사고는 계속된 정원 미달 학교로 점수 평가에서 탈락을 받은 거죠.

이런 자사고는 차라리 일반고로 전환하는 게 맞습니다. 거슬러 올라가 보면, 서울시교육청은 2014년 10월 31일 자사고 6개 학교를 지정취소 한다고 발표해서 교육부와 갈등하게 되었는데, 교육부는 서울시교육청에서 지정 취소한 걸 다시 취소한다는 행정명령을 내리는 바람에 복잡하게 됐지요. 박근혜 정부 초, 교육부에서는 이명박 정부 시절 추진한 고교다양화 정책에 강력한 제동을 걸었습니다. 그때 등장한 것이 '일반고 역량 강화 방안'이었죠.

일반고가 슬럼화되었으니 역량을 강화해야 한다는 방안입니다. 2013년 5월 13일에 발표됐습니다. 이에 따라 2015년부터 자사고 선발 방식을 50% 내 학생 지원 및 추첨에서, 성적 제한 없이 선지원 후추첨으로 하기로 했죠. 그런데 자사고 측과 동문 학부모들이 모두 들고일어나 반대하니까, 교육부는 10월에 성적을 없애는 대신 1단계 추첨, 2단계 면접으로 한발 후퇴했습니다. 1단계에서 1.5배수를 뽑고 면접을 보는 것이죠.

그러다가 조희연 진보교육감이 자사고 문제를 들고나오자 교육부는 태도를 바꿔 자사고 편에 섭니다. 그러면서 문제는 점점 꼬였지요. 교육 문제에 이념 논쟁이 가세하면서 불에 기름을 부은 꼴이 되었습니다. 이렇게 되면 이제부터는 문제의 본질은 보이지 않아요. 내 주장만 옳고 다른 주장은 무조건 틀린 것이죠. 교육부나 자사고 측은 보수, 서울시

교육청이나 조희연 교육감은 진보 이런 식이죠.

자사고를 평가하여 무늬만 자사고인 경우는 일반고로 전환하는 게 학교에도 좋고 학생에게도 좋습니다. 서울 지역 자사고도 문제지만 지방 자사고 중에도 문제 있는 곳이 많습니다. 학생 400명 모집에 100명도 못 채우는 자사고도 있었어요. 지방의 한 여고는 50% 성적 제한은 원래부터 없었고, 성적이 거의 최하위 학생인 3차까지 모집했는데도 미달이었습니다. 지금까지 스스로 자사고에서 일반고로 전환한 학교는 부산 1곳, 서울 2곳, 광주 1곳이 있습니다. 자사고를 엄정히 평가하여 자격이 되지 않으면 일반고로 전환하여 운영해야죠. 어떤 정책이든지 한 번 잘못 시행되면 그것이 두고두고 우리 사회를 혼란과 갈등의 소용돌이에 빠지게 한다는 것을 정책 입안자들은 명심해야 할 것입니다.

학교 운영은
기업 운영과 다르다

충남 아산에 가면 삼성에서 세운 삼성고가 있습니다. 삼성고는 자사고인데요. 입학 정원의 70%를 삼성의 임직원 자녀만 뽑습니다. 아무리 기업에서 학교를 세웠다고 해도 그 기업 임직원 자녀만을 위한 학교가 되어서는 곤란하겠지요? 그런데 이런 내용이 법적 기준으로 마련되어 있다면 어떨까요?

2002년 자립형 사립고가 처음 생길 때 임직원 자녀가 입학할 수 있는 비율은 20%였습니다. 아무리 기업에서 학교를 세웠다고 할지라도, 기업 임직원 자녀는 20% 이내로만 입학할 수 있었습니다. 그러던 것을 2010년에 이명박 정부의 고교 다양화 300 프로젝트에 따라 이름을 모두 자율형 사립고로 바꾸면서 기업이 학교를 세울 경우 기업 임직원의 자녀가 입학할 수 있는 비율을 80%로 대폭 늘렸습니다.

기업들이 이것을 이용해 자신의 자녀들을 보내기 위한 학교를 너도 나도 만들고 있습니다. 가진 자와 못 가진 자. 세상을 둘로 나누고 있습니다. 삼성고도 이것을 이용해 자녀전형 비율을 70%로 잡았습니다.

자사고를 세울 때는 사회적 약자를 위한 사회통합전형을 의무적으로 20% 하게 되어 있어서 20%는 사회통합전형에 할당하고, 나머지 10%만

충남 지역 중학생에게 개방했죠.

아산 지역 학부모들은 이런 사항에 대해 헌법소원을 제기했습니다. 그런데 헌법재판소는 삼성고의 모집 요강이 초중등교육법에 어긋나지 않기 때문에 전원일치로 삼성고의 손을 들어주었습니다. 헌재의 판단은 자사고가 모집 정원의 20% 이상을 사회적 배려자에게 배정하는 것 이외에 신입생 선발 인원에 특별한 제한이 없으므로 합헌으로 본 것이죠.

아산 지역 시민사회단체는 삼성에 공개 호소문을 보내 모집 방식의 문제점을 지적했습니다. 온양온천역 광장에서 삼성고 일반고 전환 서명 운동 및 촛불문화제도 열었죠. 이런 지역사회의 문제 제기에도 현재 삼성고는 2014년 개교하여 학생들이 다니고 있습니다.

삼성 측의 주장은 이렇습니다. 아산 지역에는 삼성 디스플레이, 삼성 SDI, 삼성전자 등 직원 3만 6000명이 근무하는데, 한해에 고등학교에 진학하는 직원 자녀가 600명에 달합니다. 따라서 삼성고가 정원의 70%를 선발하더라도 진학 대상자의 절반도 수용하지 못하는 실정이라는 것이죠. 삼성고가 설립되기 전부터 삼성 측에서는 아산시에 고등학교를 설립해달라고 계속 요청하였지만 재정 부족 이유로 거절당했고, 시에서는 삼성이 직접 학교를 만들어 운영하라는 권유를 했습니다. 이에 따라 삼성계열사들이 각각 출자하여 재단을 만들고 삼성고를 세웠습니다.

이 밖에도 우리나라에 기업들이 만든 고등학교가 꽤 있습니다. 포스코에서 운영하는 포항제철고와 광양제철고, 송도에 2015년 개교한 인천 포스코고, 현대중공업이 운영하는 현대청운고, 인천공항공사가 운영하는 인천 하늘고, 하나금융그룹이 운영하는 서울 하나고 등이 있습니다.

앞으로 당진에 현대제철, 경주에 한국수력원자력이 고등학교를 만들 예정입니다. 이런 식으로 가다간 기업에서 운영하는 학교만 남고 기존 학교는 없어지는 결과가 나올지도 모릅니다. 학령인구는 계속 감소하는데, 기존 학교를 잘 살리지 않고 기업에서 새로운 학교를 만들도록 조장하는 건 좋지 않습니다.

교육 여건이 상대적으로 나쁜 지역에 기업이 생길 경우 임직원 자녀의 교육 문제를 지방자치단체나 중앙정부가 나서서 해결해야지 해당 기업이 특권 학교를 만드는 식이 되어서는 곤란합니다.

교육을 기업인의 마인드로 접근하면 교육은 망하겠지요. 교육은 항상 공공성의 가치를 1순위에 두고 운영해야 할 것입니다. 공공성을 함께 합의하고 달성해야 할 공적인 가치라고 볼 때 교육은 이 공공성을 반드시 추구해야 합니다.

중앙대는 두산그룹에서 운영하는 학교입니다. 2008년 두산에서 1200억 원에 중앙대를 인수했죠. 당시 중앙대 구성원 중에는 대기업이 재단으로 들어오니 환영하는 분위기도 있었습니다. 그러나 시간이 지나면서 대학에 기업의 생리를 이식하려는 문화가 생겼습니다. 특히, 대학 구조조정에서 구성원들과 갈등이 많았습니다. 취업에 불리한 학과를 무차별적으로 통폐합시켰거든요. 여기에 반발하는 교수협의회를 향해 차마 입에 담지 못할 표현이 담긴 메일을 보내 더 문제가 되었지요.

교수들이 만든 비상대책위원회를 '비대위'라고 하고, 교수들을 '조두'라고 비하하기도 했죠. 그뿐만이 아닙니다. 분 바르는 애들 잔뜩 뽑아봐야 무슨 소용이냐면서 학생들을 뽑을 때 여학생보다는 남학생을 뽑아야 나중에 학교 발전에 도움이 될 것이란 식으로 말해 남녀차별이라는 비난을 받았습니다.

서울의 한 자사고는 입학 전형을 실시할 때 남녀 비율을 맞추기 위해 합격선 안에 든 여학생들을 탈락시키고 불합격권의 남학생들과 바꿔치기했습니다. 서울시의회 특위에서 밝혀진 사실입니다. 입학 부정만이 아니라 교사 채용의 문제, 각종 입찰 비리 등 서울시교육청 감사에서 사실로 드러나 검찰에 고발되었습니다. 현행법상 학교관계자가 금고 이상의 형을 받으면 자사고 지정을 취소할 수 있습니다. 서울시교육청은 수사 결과에 따라 자사고로 계속 운영할지 자사고 지정을 취소할지 판단해야 할 것입니다. 공교롭게도 서울시 조희연 교육감은 삼성고 설립 당시 반대 운동을 한 민교협 상임의장이셨어요. 교육감이 되고 나서도 수많은 자사고 때문에 일반고가 황폐해진다고 주장했고, 그때 자사고 평가에서 70점 이하인 자사고는 지정 취소하려고 했죠. 그런데 교육부가 법을 '자사고 평가 70점 이하라도 학교관계자가 금고 이상의 형을 받아야 자사고 지정을 취소할 수 있다'로 확 바꾸어서 교육감 맘대로 자사고 지정을 취소하지 못하게 했습니다. 지금까지는 부정한 방법의 회계 집행, 부정한 방법의 학생 선발, 교육과정의 파행 운영 등이 발생하면 5년 단위의 재평가 없이 곧바로 지정취소가 가능했는데 말이죠. 이 사태에 대한 검찰 조사가 박근혜 대통령 탄핵정국에서 2016년 12월 1일 슬며시 발표되었습니다. 검찰은 해당 학교의 입시 부정은 없었던 것으로 조사 결과를 최종 발표했습니다. 합격자 바꿔치기는 서류와 면접 전형에서 각 3~5점의 평가 점수를 준 사실은 확인했으나 약자 배려 등 명확한 기준과 근거가 있었다고 했고, 교사 채용에 대해서도 교사를 공개채용 했으며 필기시험에서 서류심사, 면접을 거쳐 문제없이 정교사를 채용한 것으로 드러났다고 발표했습니다.

돈 많은 기업이 사회에 환원하는 차원에서 학교를 설립하고 교육에 공헌하는 점은 높이 살 만한 일입니다. 그러나 사회 전체의 학생을 위한 학교가 아니라 기업 임직원 자녀를 위한 특권학교가 된다는 건 문제가 있습니다. 교육은 효율성이 아니라 공공성 차원에서 접근해야 하기 때문입니다.

수많은 대학,
어떻게 조정되어야 할까?

요즘 한국의 대학은 그야말로 안팎으로 흔들리고 있습니다. 'input-process-output' 모두 문제입니다. 저출산의 여파로 입학생이 대폭 감소하는 것은 물론이고, 뽑는 데만 혈안이 되어 있고 제대로 가르치지 않는 대학 교육과정도 문제고, 장기 불황에 따른 졸업생들의 취업난도 사상 최악을 달리고 있습니다.

앞으로 10년간은 대학의 정리 기간이라고 감히 말씀드릴 수 있습니다. 당장 2018년부터 고교 졸업자 수가 대학 입학 정원보다 적어집니다. 대학 입학 정원은 55만 9036명인데 고등학교 졸업자 수는 54만 9890명입니다. 2021년이 되면 대학 입학 정원에 자그마치 16만 명이 모자랍니다. 2021년 고등학교 졸업자 수는 40만 명으로 예상됩니다. 당연히 대학들은 문을 닫아야 하겠지요. 언제부터 왜 이렇게 대학이 많아졌을까요? 한국의 대학을 생각하면 상아탑, 학문의 전당이란 느낌보다는 비싼 등록금, 논문 표절 이런 것들이 더 생각나는 건 저뿐일까요? 세상을 이끌어가야 할 대학이 오히려 우리 사회에 걸림돌 역할만 하는 건 아닌지 심히 우려됩니다. 대학의 심각한 자성이 필요한 시점인데요.

미국의 대학과 한국의 대학을 비교하면서 저는 이런 생각을 했습니다. '미국의 힘은 대학에서 나오고 한국의 대학은 힘보다는 오히려 고통을 준다'고요. 대학관계자들이 들으면 불편하시겠지만 이것이 국민이 느끼는 체감 온도입니다. 이화여대는 학교에 제대로 출석하지 않은 학생에게 학점을 퍼준 일이 빌미가 되어 총장 사퇴에 검찰 수사까지 받지 않았습니까? 지방의 어느 대학은 출석하지도 않은 학생에게 학점을 주어 그 학생이 자퇴하지 않도록 배려(?)를 해주는 학사 비리를 저지르고 있습니다. 왜냐하면 학생이 자퇴하지 않아야 등록금을 벌 수 있기 때문이며, 또 그 인원을 유지해야 국가보조금을 받을 수 있기 때문이죠. 심지어 어느 대학은 수업을 듣지도 않은 학생들에게 학위를 수여하는 학위장사를 일삼다가 퇴출당했는데요. 한두 명이 아닙니다. 조사된 바로는 만 명이 넘습니다. 또 어느 대학은 재학생 수는 200명 남짓한데 인터넷 대학생을 모집해 온라인 강의만을 제공하면서 50억 원의 수강료를 챙기기도 했습니다. 한국의 대학 정말 문제 많습니다.

　대학 구조조정과 맞물려 있는 게 대학설립 준칙주의입니다. 과연 올바로 된 제도일까요? 대학설립 준칙주의는 교지^땅, 교사^{건물}, 교원, 수익용 기본재산 등 최소 설립 요건을 갖추면 대학 설립을 인가하는 제도입니다. 이전에는 '대학설립 예고제'에 따라 교지, 교사, 교원, 수익용 기본재산, 도서, 기숙사, 실험실습 설비 및 교재 교구 확보 기준을 명시하였고, 대학 설립 계획단계에서 최종 설립에 이르기까지 단계별 조건을 충족했을 경우에만 인가를 받을 수 있었죠. 그 밖에도 허가청인 교육부가 설립 지역과 계열, 설립자의 육영의지 등을 종합적으로 판단하여 결정하고 설립 인가를 해주었습니다. 대학설립이 이렇게 까다롭다 보니 신청하는 측의 불만이 계속 증폭되었고 그 화살이 항상 교육부로 향했지요. 또 자신의 지역구에 대학을 설립하려는 국회의원들의 정치적 로

비설도 끊이지 않아 대학설립 정책의 전환이 이루어져야 한다는 목소리가 높았던 점도 대학설립 준칙주의가 도입된 배경입니다.

이렇게 5·31 개혁 당시 대학설립 준칙주의 도입으로 설립 요건이 크게 완화되자 신설 대학 수가 대폭 증가했는데요. 1997년 20개, 1998년 7개 대학교가 설립되는 등 2011년까지 63개 대학교가 설립되었습니다. 현재 사립대학 수는 약 300개^{교육부와 한국교육개발원이 발표한 2014년 교육 기본 통계에 따르면 우리나라 4년제 일반 교육 산업대학과 전문대학 수는 340개입니다}에 달하는데 다섯 개 학교 중 한 개 학교가 준칙주의 이후 설립되었습니다.

많은 사람이 준칙주의 도입 방침이 발표될 당시부터 '설립 기준을 완화해 부실 사학을 난립시키고, 대학 구성원들의 피해가 심각해질 것'이라며 이 제도를 도입해서는 안 된다고 주장했지만, 결국 우려는 현실로 나타났습니다.

현재까지 광주예술대, 아시아대, 명신대, 성화대, 건동대, 선교청대, 경북외국어대, 벽성대 등 총 8개 대학이 심각한 부정·비리로 강제 폐교를 당하거나, 신입생 모집난으로 자진 폐교하였습니다. 앞으로도 이런 대학들이 많이 나올 것으로 예상됩니다. 대학구조개혁이 진행 중인 현재 퇴출 후보 대학은 94개에 달합니다. 폐교된 대학 중 어떤 대학은 3년만 운영하고 문을 닫았습니다. 그 대학을 다니던 학생들을 생각하면 어이가 없죠. 학교에 다니다가 갑자기 없어졌으니까요. 잘못된 정책 하나가 이렇게 국민을 고통 속으로 몰아넣습니다.

대학설립 준칙주의는 등록금 장사를 하려는 이사장들의 요구를 교육부가 들어준 꼴인데, 5·31 교육개혁 중 이 대학설립 준칙주의가 제일 문제가 많았다고 생각합니다. 준칙주의 이후 설립된 대학 상당수가 부실하게 운영되고 있다는 증거가 많은데요. 2015년 현재 부정·비리로 인해 임시이사가 파견된 대학이 5개교, '학자금 대출 제한 대학'으로 선정된 대학 총 17개교 중 8개교[47.1%], '정부 재정 지원 제한 대학' 43개교 중 19개교[44.2%]가 준칙주의 이후 개교한 대학입니다.

이러한 대학의 난립은 두 가지 문제를 가져왔습니다. 하나는 지방대의 동반몰락입니다. 부실대학이 대부분 지방에 난립하다 보니 서울 시내 소재 대학교의 위상이 높아졌습니다. 지방 국립대는 얼떨결에 수도권 대학에 추월당하게 되었죠. 또 하나는 대학이 많아지다 보니 대학 서열화가 공고해졌다는 것입니다. 대학답지 않은 대학이 많아지니까 자동으로 괜찮은 대학이 두드러지는 현상이 나타났고 결국 이것이 학벌주의로 이어졌죠.

대학설립 준칙주의는 2013년 폐지되었고 현재는 허가제로 바뀌어서 대학설립 자체가 까다로워졌지만 문제는 현재 있는 대학의 구조조정이 큰 과제입니다. 구조조정의 하나로 2015년 당시 대학구조개혁위원회에서는 하위 15% 대학을 선정해 정부의 재정 지원을 제한하고 대학의 정원 감축을 유도해 왔습니다. 교육부에서는 4년제 대학 20개, 전문대학 15개 학교에 공문을 보내 부실 정도에 따라 정원을 감축할 것을 유도했습니다. 대학 자체를 없애는 것이 힘들다고 보고 정원 감축에 초점을 맞추어 대학 구조조정을 시행하는 것이죠. 대학이 교육부의 정원 감축안을 받아들이면 정부 재정 지원 제한 대학에서 풀어주는 식입니다. 대학평가를 통해 ABCDE등급으로 나누어 평가하는데, D등급부터가 재정 지원 제한 대학에 해당합니다. 2차 현장실사 후 3~4개 대학을 C등급으로 올려줄 계획이고요. 대학 측에서는 여기에 들고자 무진장 애를 쓰고 있습니다.

또한, 2015년에 한국교육개발원에 용역을 주어서 대학평가 작업을 했습니다. 2015년 8월 31일, 교육부는 대학구조개혁 평가 결과를 발표했습니다. 대학구조개혁 평가는 박근혜 정부 들어 대학을 평가해온 방식인데요. 기존에 정부 재정 지원 제한 대학, 학자금 대출 제한 대학, 경영 부실 대학 등으로 대학을 평가해오던 것을 한데 묶어 대학을 5개 등급으로 나누어 평가하는 것입니다. 평가 기준은 총 60점 만점으로, 전임교원 확보율(8) 교사시설 확보율(5) 교육비 환원율(5) 수업 관리(8) 학생 평가(4) 학생 학습 역량 지원(5) 진로 및 심리 상담 지원(3) 장학금 지원(5) 취업 창업 지원(2) 학생 충원율(8) 졸업생 취업률(5) 교육수요자 만족도 관리(2)를 합산합니다. 이렇게 하여 다섯 등급에 따라 대학에서는 다음과 같은 조처를 해야 합니다.

A등급(최우수) - 정원의 자율적 감축

B등급(우수) - 정원 일부 감축(4년제는 4%, 전문대는 3%)

C등급(보통) - 정원 평균 감축(4년제는 7% 전문대는 5%)

D등급(미흡)

  D+ 정원 평균 이상 감축(4년제는 10% 전문대는 7%) 및 국가장학금 II 유형 미지급 및 정부 재정 지원 사업 참여 제한

  D- 정원 평균 이상 감축(4년제는 10% 전문대는 7%) 및 국가장학금 II 유형 미지급 및 정부 재정 지원 사업 참여 제한, 학자금 대출 일부 제한(50%)

E등급(매우 미흡) - 정원 대폭 감축(4년제는 15% 전문대는 10%) 국가장학금 II 유형 미지급 및 정부 재정 지원 사업 참여 제한, 학자금 대출 전면 제한

2015년 평가 결과 중 특징적인 것은 상위 등급인 A~C까지 중 특징적인 대학들을 보면 A등급에 나름대로 선방한 대학이 있습니다. 가천대, 군산대, 부산가톨릭대, 선문대, 순천대, 영남대, 우석대, 원광대, 전주대, 한림대가 A등급에 이름을 올렸습니다. 나머지 이름 있는 대학들은 거의 다 A등급에 속한다고 보시면 되겠습니다. 그런데 B등급에 의외의 대학이 있습니다. 부산대, 서울시립대, 숙명여대, 연세대 원주캠퍼스, 인하대, 홍익대 등이 B등급 평가를 받았습니다. B등급도 우수한 대학이지만 대학 입장에서는 탐탁지 않은 결과일 것입니다. C등급에도 의외의 대학이 있었는데, 경북대와 충남대가 C등급을 받았습니다.

일반대 중에서 D+등급에는 강원대, 고려대세종, 건국대충주, 그리스도대, 나사렛대, 금강대, 꽃동네대, 대전대, 서경대, 안양대, 을지대, 평택대, 한서대, 한성대, 홍익대세종, 중부대, D-등급에는 강남대, 경주대, 극동대, 상지대, 세한대, 수원대, 영동대, 청주대, 호원대, 한영신학대, E등급에는 대구외국어대, 루터대, 서남대, 서울기독대, 신경대, 한중대 등이 선정되었습니다. 이번 평가에서 D등급이나 E등급을 받은 대학들의 반발이 많습니다. 평가의 목적이 하위 등급의 대학을 골라내 자동 퇴출로 유도하기 위한 것인데요.

특히 강원대가 불만이 많았습니다. 국가 방침대로 경쟁력이 약한 삼척캠퍼스와 도계캠퍼스를 통합했는데 이것이 오히려 경쟁력 없는 것으로 평가되었다는 것이죠. 강원대 교수들이 교육부를 항의 방문하기도 했습니다. 총장 이하 전 보직교수들이 사퇴했고요.

청주대는 2014년에 정부 재정 지원 제한 대학으로 지정받은 후에 극심한 학내분규에 들어갔는데, 또다시 D- 평가를 받음으로써 학내 갈등이 심해질 가능성이 있습니다. 이제 청주대는 앞으로 강제로 정원을

10% 줄여야 해서 여러 가지로 힘들어질 것 같습니다. 수원대 사정도 만만치 않습니다. 2015년에 정부 재정 지원 제한 대학으로 지정되어 정원의 16%를 감축하는 인고를 겪고 건물 신축, 교과과정 개편 등 나름대로 노력했음에도 또다시 D⁻ 평가를 받아 허탈해했습니다. 보직교수 전원이 사퇴했죠. 대학을 돈벌이 수단으로 생각한 이홍하 계열의 대학들도 거의 E등급을 받았는데요, 5년째 부실대학으로 지정받은 남원 서남대의 경우 평가 결과를 겸허히 수용하며 의과대 지원자로 나선 명지병원 측과 협의해 최대한 퇴출만은 막아보겠다는 입장입니다. 또한, 대경대는 평가위원의 자질을 의심하면서 반발했는데요. 평가팀장으로 온 교수가 예전에 대경대에서 근무하다가 불미스러운 일로 해고된 교수라고 합니다. 대경대 관계자는 대경대는 교사확보율 등 4개 항목에서 만점을 받았지만 팀장이 집중 질의한 3개 항목에서는 20점 만점에 절반밖에 받지 못했다고 지적했습니다.

이 평가가 지방에 불리한 게 아니냐는 의견도 있습니다. 2015년에도 4년제 정원 감축 인원 8,207명중 96%를 지방에서 줄였는데요. 이번 결과도 지방대들이 하위등급을 맞았습니다. 이 문제는 저출산 및 수도권 인구집중과 맞물려 있어서 지방대가 지속해서 낮은 평가를 받을 가능성이 큽니다. 또한, 2016년까지는 정부 재정 지원 제한 대학을 전체 대학에서 15%를 정했는데요. 대학들은 여기에 들지만 않으면 되지만 지금은 최우수 A등급 50개 대학을 빼고는 모두 다 정원을 강제로 감축해야 해서 앞으로 대학가에서는 학과 통폐합이나 폐과 등을 놓고 엄청 시끄러워질 것입니다.

이번 평가에서는 교원대나 교육대 등 교원 양성 대학은 별도로 평가하기로 했고, 종교인을 기르는 대학도 이번 평가에서 제외되었습니다.

그래서 이런 대학들은 평균수준의 정원감축을 자율적으로 하도록 권장하고 있습니다.

예전에는 대학을 평가할 때 취업률만 따졌는데요. 이러다 보니 일단 취업만 시키고 보자는 대학들의 꼼수가 나타났습니다. 그래서 취업 1년 후 다니던 직장을 계속 유지하는 졸업생을 기준으로 취업유지율을 따져 어떤 학교가 가장 높은가를 보고 대학을 평가합니다. '취업유지율'은 통념상의 취업률과 달리 일정 기간 직장 건강보험 가입을 유지하고 있는지를 가지고 통계를 내는 방식입니다. 취업유지율을 보니까 50%가 넘는 대학은 고려대$^{61.47\%}$, 서강대$^{59.14\%}$, 성균관대 $^{58.85\%}$, 연세대$^{56.73\%}$, 서울대$^{53.38\%}$, 서울시립대$^{52.93\%}$, 한양대$^{51.95\%}$ 등 7개교였습니다.

2016년 11월부터 교육부는 2차$^{2017~2019}$ 대학 구조 개혁 평가를 진행하고 있습니다. 2차 평가에서는 1차와는 달리 대학을 크게 상위 50% 대학과 하위 50% 대학으로 나누어 상위 50% 대학들은 자율 개선 대학으로 정해 정원을 줄이지 않는 반면 하위 50% 대학들은 X, Y, Z 3개 등급으로 나눠 3년 동안 정원을 최대 30%까지 차등 감축하거나 퇴출한다는 방침입니다. 특히 Z등급을 받은 부실 대학들은 이른바 '한계 대학'으로 분류해 과감하게 퇴출한다는 것입니다. 개선된 2차 평가는 2017년 하반기나 2018년 상반기에 실시해 2019학년도부터 적용할 예정입니다. 앞으로 짧게는 5년 길게는 10년 동안 대학의 구조조정은 피할 수 없는 현실입니다. 우리 사회가 해결해야 할 커다란 바윗덩어리입니다.

나오는 말

    책을 낸다는 것은 자식을 낳는 것과 마찬가지입니다. 자신의 모든 것을 보여주는 일이니까요. 돌이켜보니 이 책을 만들기 위해 약 10년이 소요되었네요. 때는 2005년으로 거슬러 올라갑니다. 저는 그해부터 매일매일 교단일기를 쓰면서 진솔하게 아이들을 만나기 시작했습니다. 일기 속에 항상 아이들 이름과 함께 생활한 내용을 쓰니 아이들을 항상 곁에 두고 생활하게 되었죠. 그리고 2007년 봄에 '폭력이 난무하는 세상'이라는 제목으로《오마이 뉴스》에 송고한 글이 기사화되어 처음으로 《오마이 뉴스》시민기자가 되었습니다. 그 후로 교육에 관한 칼럼을 많이 쓰면서 교육 문제에 더욱더 관심을 가지게 되었습니다. 2012년에는 설악산에서 지난날의 교직 생활을 돌아보며 총 33편의 교단일기를 쓰기도 했습니다. 우연한 기회에 이 33편의 교단일기를 충청북도 모든 선생님께 보내드렸는데 어마어마한 응원의 답장이 온 거예요. 마치 팬클럽이 결성된 느낌이었어요. 한편 운 좋게도 한국교원대 박사 과정에 진학하면서 교육정책에 관한 공부를 하게 되었고, 그 내용을 가지고 매주 방송을 하다 보니 분량도 엄청 쌓이더군요. 이러한 자산들이 모이고 모여 오늘 이 한 권의 책으로 독자들과 만나게 되었습니다. 이 책에 담긴 내용은 선구자의 길을 간 교사의 이야기가 아닙니다. 함께 손잡고 걸어 가고 싶은 길을 제시했을 뿐입니다. 지난날 대한민국이 어려울 때 나라를 구한 건 교육이었습니다. 그러나 오늘날의 교육은 나라를 구하기는 커녕 기본도 하지 못하는 건 아닌지 우려가 됩니다. 교육의 기본은 배움을 함께 나누는 것인데 말이죠. 교육을 통해 자꾸자꾸 우리가 구분되는 느낌이 드는 게 현실입니다. 어려운 때일수록 교육의 중추인 우리 선생님들이 더욱더 힘을 내서 고통을 주는 교육이 아닌 희망을 주는 교육을 열어가야 할 것입니다.